极致零售

消费者主权时代的零售新图景

杜凤林◎著

ZHEJIANG UNIVERSITY PRESS
浙江大学出版社

图书在版编目(CIP)数据

极致零售：消费者主权时代的零售新图景 / 杜凤林
著. — 杭州 ：浙江大学出版社，2019.9
ISBN 978-7-308-19259-0

Ⅰ．①极… Ⅱ．①杜… Ⅲ．①零售业－商业经营－研
究 Ⅳ．①F713.32

中国版本图书馆CIP数据核字(2019)第126167号

极致零售：消费者主权时代的零售新图景

杜凤林　著

策　　划	杭州蓝狮子文化创意股份有限公司	
责任编辑	黄兆宁	
责任校对	刘葭子　杨利军	
封面设计	水玉银文化	
排　　版	杭州林智广告有限公司	
出版发行	浙江大学出版社	
	（杭州市天目山路148号　　邮政编码　310007）	
	（网址：http://www.zjupress.com）	
印　　刷	杭州钱江彩色印务有限公司	
开　　本	710mm×1000mm　1/16	
印　　张	17	
字　　数	218千	
版 印 次	2019年9月第1版　2019年9月第1次印刷	
书　　号	ISBN 978-7-308-19259-0	
定　　价	52.00元	

　　"新零售"无疑是近几年出镜率颇高的词之一。不仅传统实体零售企业在积极探索新零售，电商企业也在充分发挥自身在流量、技术、资本等方面的优势，广泛布局新零售。和传统零售模式强调商品、渠道所不同的是，新零售以人为中心，强调从产品设计生产到用户交付整个流程的效率与体验，实现全链路一体化管理。

　　零售全面数字化是新零售的重要前提，只有零售运营中涉及的产品、资产、行为、关系等全部实现数字化，用户"所购即所想，所见即所得"的端到端零售才能成为现实。这需要供应商、物流服务商、零售商等参与各方高效协同，实时交互，共享数据、技术、渠道等资源，从设计生产、仓储物流、营销推广、交易支付、售后服务等诸多环节，进行全网全触点持续刺激，为消费者创造前所未有的极致购物体验。

　　零售本身是一个相当传统的行业，在相当长的一段时间里，实体零售企业沿袭几十年发展所形成的理念、模式，对消费需求与市场环境发生的一系列变化视而不见。电子商务崛起后，实体零售企业遭受强烈冲击，在生存重压下才被迫做出改变。然而，互联网红利逐渐消失，流量成本持续攀升。同时，在消费升级的背景下，服务与体验成为影响消费者购买决策的重要因素；而服务与体验正是纯电商所欠缺的，这导致电商发展进入瓶颈期。

　　线上线下相结合的新零售模式，为打破零售业发展困境提供了新的思路，让零售人从全新的视角，审视实体零售与电子商务之间的关系。线上与线下从对立走向统一，避免无谓的产业内耗，以开放共享、共创共赢的姿态打造生态系统，满足消费者全渠道、多场景的泛在购物需要。阿里巴巴牵手苏宁、京东，联合华润万家等皆为典型代表。

新零售并非凭空出现，更非一时风潮。表面上看，它是零售业态创新与模式升级，更为深刻的本质在于，消费者主权时代已至，交易主导权回归消费者，零售要从经营商品转变为经营人，用户社群化运营、全渠道零售、智慧零售等玩法，都是为了迎合用户需求变化。

在阿里巴巴、京东等零售巨头的积极推动下，我国零售业掀起了声势浩大的新零售转型热潮，几乎所有的零售企业都在研究如何向新零售转型。由于不同企业在优势资源、利益诉求、企业价值观、管理理念等诸多方面的差异，新零售落地方案存在明显区别，新模式、新业态、新玩法大量涌现，出现了盒马鲜生、网易严选、小米有品、永辉超级物种等新零售物种百花齐放、异彩纷呈的繁荣景象。

传统零售追求单次的交易关系，新零售则强调企业长期持有对目标用户群体的运营与变现能力。前者会让企业变得以利润为导向，甚至丧失商业道德与底线，显然，这种企业是无法长期生存的；后者则会让企业以用户为导向，专注于满足用户需求，将自身的价值获取建立在为用户创造价值的基础上，长此以往，将会让企业沉淀一批忠实用户，同时，组织成员在服务用户的过程中也能获得满足感、成就感、荣誉感，为企业实现基业长青奠定坚实基础。

具备目标用户群体运营与变现能力的企业，可以深度挖掘用户全生命周期价值，达成更多的重复购买甚至终身购买，实现交易并非结束而仅是开始；后续再利用新媒体和用户实时交互，通过向其推送其感兴趣的内容赢得其认可与信任，邀请其参与到产品设计、营销、定价等环节中，鼓励其提供反馈意见。这有助于企业改善业务流程，挖掘潜在需求，创造并引领新需求，使企业获取更多新的利润增长点。

本书强调发展新零售是一项庞大复杂的系统工程，它涉及商品、门店、供应链、顾客、企业组织等零售经营管理的方方面面，需要长期投入大量资源与精力。比如，在门店方面，门店的价值在新零售模式中被重新定义，需要对门店进行数字化改造升级，将其打造成为集商品与品牌展示、购买、体验、仓储配送、售后服务等诸多功能为一体的超级门店；同时，为了控制人力成本，降低顾客购物时间成本，布局无人零售门店也很有必要。

在供应链方面，零售企业要积极向产业链上游延伸，以自建或合作的形式，强化供应链管理能力，打造具备柔性生产能力的智慧供应链，从由商品到人的 B2C 模式转变为由人到商品的 C2B 模式，结合预售定制、大数据分析，从源头上解决库存积压问题，实现低库存甚至零库存。

在场景方面，场景是促进用户转化、刺激口碑传播的绝佳途径。新零售时代背景下的零售场景，要尽可能地融入消费者本地化生活，缩短与目标用户之间的距离。这也是便利店等社区零售业态大行其道的关键所在。

在流量、资本、媒体关注等多重因素作用下，部分新零售物种已经初步建立了领先优势，盒马鲜生更是实现规模化盈利，在全国范围内产生了良好的示范作用。面对着层出不穷的新零售物种，相当多的中小零售企业感到眼花缭乱，部分企业为了降低试错成本而选择直接模仿复制。由于缺少必要的资源支持，它们不但未能取得预期发展效果，而且浪费了大量人力、物力资源，导致企业陷入资金链断裂风险；更为严重的是，转型受挫使组织内部士气低迷，工作效率与积极性明显下滑。

鉴于此，作为一名零售领域的长期研究者、观察者，品牌管理咨询资深从业者，我在对自身多年的思考与分析进行深入总结并结合 10 多年从业经验与大量实践案例的基础上创作了本书，希望能够为创业者、零售企业管理者和其他读者，以及在同质竞争与价格战泥潭中苦苦挣扎的广大中小零售企业，提供有效的指导与帮助。

本书共分为新零售、模式实战、全渠道零售、智能新零售、社区新零售、数字化门店、决战新物流七大组成部分，全方位、多层次、立体化地对新零售的逻辑与内涵，零售企业布局新零售的切入点选择、转型策略与路径等进行了全面剖析，理论联系实践，内容全面翔实；此外，本书引入了星巴克、盒马鲜生、天虹商场、苏宁、7-11便利店、良品铺子、京东等多个新近案例，给读者以更大启发，也更具实操性。

从马云2016年10月提出新零售概念至今，已经过去了两年多的时间，盒马鲜生、苏宁等成功案例固然振奋人心，但不计其数的失败案例值得所有零售人警醒，资本挟持下部分无人店太过急躁地舍命狂奔，终究难逃出局的命运，唯有在正确的理念、模式、方法指导下，善于总结借鉴，并在某一细分领域精耕细作的零售企业才能取得成功。新零售开启了中国零售创新发展的崭新一页，国内零售企业应该如何演绎自己的新零售故事，请看我在本书中娓娓道来。

目 录

|第4章|

智能新零售
技术驱动的零售升级

|第5章|

社区新零售
赋能本地生活服务圈

|第6章|

数字化门店
实体店的新零售玩法

|第7章| **决战新物流**
新零售重构传统供应链

第1章

新零售

一场势不可挡的效率革命

新零售：重塑未来零售产业图景

新零售的概念内涵与主要特征

2016 年 10 月，马云在云栖大会上提出了"新零售"的概念，他认为："纯电商时代很快会结束，未来的 10 年、20 年，没有电子商务这一说，只有新零售这一说，也就是说，线上线下和物流必须结合在一起，才能诞生真正的新零售。"此后，以苏宁、腾讯、阿里巴巴等为代表的实力型企业，纷纷在新零售领域展开布局，对整个零售业态的发展产生了巨大影响。

2017 年，各种各样的新零售运营模式不断诞生，具有代表性的有小米的"小米之家"、盒马鲜生的"盒马模式"等；许多新零售技术也纷纷涌现，具有代表性的有自助付款、无人店等。由此标志着新零售时代的来临，而这一年也被业内称为"新零售元年"。

根据阿里研究院的阐述，作为一种泛零售业态，新零售是企业在大数据时代下，围绕消费者开展的全方位运营。如今，零售企业所处的市场环境已经发生了变化，企业如果继续采用传统的运营模式，则无法适应时代发展的需求，也难以在市场上长期立足。新零售是零售企业的必然出路。

新零售通过互联网、大数据、物联网等新一代信息技术手段，链接实体零售、品牌商、供应商、分销商、服务商等零售业生态伙伴，向着自助化、智能化方向发展，形成全新的商业基础设施，全面赋能合作伙伴，与消费者产生全新的链接和互动。

当前，我国已经进入消费升级时代，"85后""90后""95后""00后"逐渐成为社会的消费主力，他们的消费习惯、消费选择呈现出新的特点。根据麦肯锡全球研究院的数据调查，在国内消费与零售行业中，全渠道消费者的数量占到85%，今天的消费者越来越重视购物体验。

在互联网环境下，实体经济与虚拟经济、线上销售与线下实体店优势互补，是新零售诞生的基础。未来，零售业将利用大数据、云计算等技术，实现金融、物流、线上、线下全方位的一体化。具体来看，新零售表现出以下三大特征。

一是重视客户需求。新零售企业需要使用大数据和资料库，对消费者的消费行为进行深入分析，以了解各层级消费者的消费习惯与心理。

二是注重产品及服务的差异化。新零售企业必须根据消费者的需求提供产品与服务，满足消费者个性化、多元化的需求。所以，商品同质化、忽略消费者个性等现象会减少，消费者满意度会大幅提升。

三是深挖行业价值。新零售是线上、线下的有机融合。不仅行业运营方式会发生改变，线上、线下还能实现资源互补，使零售业的行为、模式、思维等得到有效提升，使传统行业的发展潜力得到挖掘，最终实现整个行业的变革转型。

传统零售与新零售的优劣比较

新形势下，传统零售业面临的问题越来越多。首先，管理者知识陈旧，没有及时更新观念。在互联网环境下，零售业的业态结构、消费者的购物习惯发生了显著变化。因为知识陈旧，传统零售企业的管理者没能及时调整行动，推动产业运营模式升级，导致企业效益不断下降。

其次，传统零售企业的管理者没能及时更新管理模式。随着O2O、全渠道零售等新零售模式的推行，零售业的产业结构发生了重大变革。零售企业必须拓展更多营销渠道，通过优化、整合、创新、再优化等，对产品及服务内容进行明确定位。

相比之下，新零售模式在精准、便利、品质、高效等方面更具优势。

（1）精准

"精准"已成为现代零售业关注的焦点。与传统零售相比，新零售有效提升了定位的精准度。当前年轻消费群体的需求呈现出新的特征，新零售的精准体现为以下两个方面：

一是对目标消费者进行精准定位，以快时尚品牌KM为例，其主要面向追求时尚的年轻男性消费群体；二是利用手中掌握的消费者数据，精准推送符合消费者需求的商品和服务。

新零售的发展有赖于商家对大数据的挖掘及相关技术的应用。例如，KM各个门店会向总部发送库存、销售数据，方便公司了解其所在地区的消费者需求及偏好，据此进行区域化、针对性配货，使门店经营的商品符合消费者的需求，达到精准营销的目的。

（2）便利

这里所说的便利，不仅仅局限在支付排队等消费过程中，还可以扩展到其他方面，通过推出更加精准、更加便利的商品和服务，以多元化方式提升消费者的体验。这方面最具代表性的当属 7-11 便利店，除了经营多种多样的商品之外，其还推出了包裹代收、取款、缴纳水电费等服务。

（3）品质

品质不仅局限于商品的质量，新一代消费者对其他方面也提出了更高的要求。为了满足消费者的需求，商家需要对顾客的传统消费价值观、生活方式进行引导，提供优质的消费体验。例如，针对"吃"这一需求，盒马鲜生主张"让做饭变成一种娱乐"，在保证产品质量的同时，为年轻一代消费群体提供全方位的服务，满足其一站式的购物需求。

（4）高效

这里的效率立足于企业本身来分析，具体包括模式效率与运营效率。

一是模式效率。以往，零售商与消费者之间仅是买卖关系，商家缺乏稳定的消费者群体。例如，在举办活动期间能够吸引大批消费者，活动结束之后顾客就会流失。如今，互联网给商家创造了良好的机会，使其能够将消费者发展成长期顾客，与消费者建立更为紧密的联系。KM 是这方面的典型代表，其积累了上百万粉丝，拥有百万级的潜在消费群。

二是运营效率。以往，零售产业链中的各个主体，如厂家、经销商、零售商之间相互独立，信息沟通不畅，导致运营效率极低。比如，零售商发现市场上出现了一种新需求，想要通过经销商反馈给厂家需要经过很长一段时间，待厂家生产出相应的商品之后，这种需求已经成为过去式。为此，要想提高运营效率，必须加强不同环节之间的合作关系，发挥整体的协调作用。

基于"新零售之轮"的新零售

事物在发展过程中都潜藏着一定的规律，新零售同样如此。现阶段，在分析零售时，业内使用最多的是"新零售之轮"理论，又称"新零售之圈"理论。

该理论的提出者为日本学者中西正雄，他对传统的"零售之圈"及"真空地带"理论重新进行了论证，着眼于新零售的技术革新、服务水平、零售价格及效用函数方面，对影响新零售发展的因素及其发展动向进行了分析。

根据中西正雄的观点，新技术的引进及应用是促进新零售发展的根本动力，技术方面的进步能够推动企业在管理、物流等方面的发展；传统零售企业在诸多因素的影响下，会积极实施技术层面的改革。

一方面，若企业仍然采用传统的技术手段，在面临激烈市场竞争的情况下，利润空间会被压缩；为了在竞争中掌握更多的主动权，部分零售企业就会通过革新技术手段来获取更多的利润。

另一方面，在参与市场竞争的过程中，如果企业在技术方面相对落后，就会被淘汰出局；但很多情况下，退出市场反而会增加商家的损失，它们不得不继续挣扎，为立足于市场而拼尽全力实施技术改革。

此外，如果零售企业的利润空间较大，就会吸引更多企业参与，这些原本属于第三方产业的商家掌握着部分先进技术，为了在零售业竞争中获得生存与发展，传统零售企业必须实施技术革命。

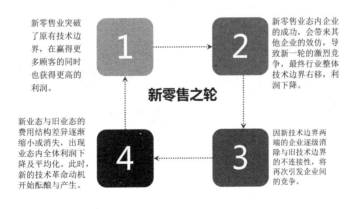

新零售业突破了原有技术边界，在赢得更多顾客的同时也获得更高的利润。

新零售业态内企业的成功，会带来其他企业的效仿，导致新一轮的激烈竞争，最终行业整体技术边界右移，利润下降。

新零售之轮

新业态与旧业态的费用结构差异逐渐缩小或消失，出现业态内全体利润下降及平均化。此时，新的技术革命动机开始酝酿与产生。

因新技术边界两端的企业逐级消除与旧技术边界的不连接性，将再次引发企业间的竞争。

图 1-1　"新零售之轮"循环图①

———

① 资料来源：苏宁金融研究院整理。

　　在进行技术革新的过程中，需要克服诸多阻力，新技术的开发、实验、应用和普及不是一蹴而就的，而是需要一个长期的过程。所以，即便企业在目前的零售行业中占据优势地位，在技术革命爆发之前，仍需要积极、主动地迎接市场竞争。

　　企业对传统业态进行改革之后，如果能够获取更多的利润，就会吸引其他企业的关注，这些零售企业会将表现优异的先锋者视为典范，引进其运营模式，积极改革传统的管理体系，进而推动整个行业的技术创新与发展。当加入这个领域中的企业越来越多时，原本占据优势地位的企业的利润空间将缩小。这就是"新零售之轮"产生的原理。

　　通过分析能够发现（见图1-1），用"新零售之轮"理论解读新零售的诞生十分贴切。

　　零售企业在运营及发展过程中，要借助数据技术与消费者展开互动，利用先进的技术手段提高用户的参与度，促进自身业态的升级。在具体实施过程中，需要经历以下四个发展阶段：①将POS机系统引入店铺，获得基础数据；②通过移动终端与社交媒体获得消费者信息；③将智能设备引入店铺，实现设备与人之间的实时互联；④"物联网＋零售"，云、网、端深度结合，实现智能化、自动化零售。

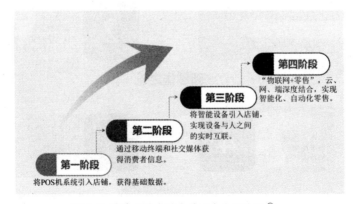

图1-2　零售与技术结合的四个发展阶段 [1]

---

[1]　资料来源：商务部流通产业促进中心。

如图1-2所示，当前，我国零售业的发展正在经历通过移动终端和社交媒体获取消费者信息的阶段，部分企业已经跨进第三阶段。在技术创新与发展的驱动作用下，零售行业将实现与物联网的结合，整个行业的服务范围将不断向外延伸。

比如，许多商家推出了"刷脸支付"技术，通过面部识别技术，极大地提升了用户体验。而相较于线上渠道的经营，实体店在消费者体验方面更具优势。门店可以根据消费者的需求及其偏好，营造创意化场景，让顾客获得不同寻常的体验，并且对传统支付模式进行改革，使用先进技术简化付款流程，进一步提升用户的购物体验。

在人脸识别的过程中，实体店还可以获取顾客的相关信息，包括顾客的年龄、性别等，利用数据分析描绘用户画像，据此调整店内的商品布局，促进用户转化。

通过人脸识别技术搜集的用户信息，还可提交给生产企业，帮助企业准确把握市场需求，在此基础上开发、设计新产品，并采用恰当的营销策略。这种方式还能帮助商家实现线上与线下渠道的一体化运营。

就像"新零售之轮"理论阐述的那样，当先进技术被越来越多的企业应用时，原本在该领域占据优势的企业将逐渐失去市场主导地位。为避免自身行业地位的下降，企业必须不间断地实施技术革新。伴随着零售行业的快速发展，许多新兴场景与业态会涌现在市场上，给消费者带来更好的体验。

新零售时代的未来商业新图景

随着零售行业对运营效率的重视程度不断提高，零售电子商务在市场上迅猛崛起。电子商务的快速发展使实体零售面临巨大冲击，从根本上来说，这是高效率运营对低效率运营的必然挑战。依托互联网平台，线上运营在效率方面占据优势。在这样的背景下，零售行业的格局发生了变化，电商发展势头迅猛，实体零售走向下坡路。

马云认为，新零售将取代电子商务，在市场上占据主导地位。也就是说，无论电商还是实体商业，未来发展都会向新零售靠拢。以往，电商与实体商业之间几乎没有交集，在新零售时代，两者之间的界限将被打破。

企业要跟上时代发展的步伐，必须集中资本力量，采用先进的数据技术，对消费者信息进行分析，实施精细化用户管理；与此同时，还要实现资金、技术、人力资源、商品之间的连接。要满足消费者的需求，运营人员必须为用户提供即时服务。

零售业无论在哪个渠道开展运营，都要提高反应能力，实时回复消费者的咨询，满足他们的需求。在这个过程中，要利用数据技术对用户的消费行为进行分析，预测消费者的消费决策。另外，在线零售商要建立成熟的网络体系，将产品存储、物流配送、支付结算、产品信息查询、产品陈列、商品体验、消费者选购等环节串联起来。

中国报告大厅发布的《2016—2021年中国零售企业行业市场需求与投资咨询报告》显示，随着新零售的发展，如果零售商能够做到随时待命，零售业运营涉及的商品、资金、技术等就能结合起来。零售业经营者必须改变传统的思维模式，正确认识新零售，促进各个零售要素之间的融合。

新零售时代，商家需要打通不同渠道的运营，将线上线下在场景、物流等各个方面的运营连接起来，全天候为消费者提供服务。实体零售需要布局网络渠道，对接消费者的个性化需求。

商家若能建立完善的网络系统，则能提升消费者的体验，节省他们的时间与精力；消费者的个性化需求就能得到满足；大数据、人工智能等先进技术在零售行业中的应用，将使消费者获得更加优质的线上消费体验。

近年来，随着电商行业的迅速发展，零售业的线上渠道运营不断完善。当实体零售重新崛起时，越来越多的企业将转向 O2O 模式，实现线上线下的一体化运营。未来，零售业的运营效率必将进一步提高。

新零售的诞生标志着零售业的发展进入了新的阶段。新零售模式下，商家能够实现精细化运营，根据消费者的需求对自身产品和服务做出调整，进而助推零售行业的进步。目前，新零售的发展才刚刚开始，距离成熟期还有很长的距离。

消费者主权时代的零售生态变革

消费者主权时代的零售业变革

改革开放以来，我国消费者的消费理念与消费行为发生了巨大变革，同时，不同年代的消费群体也表现出了不同的特点。以"90 后""00 后"为代表的新生代群体的消费需求愈发多元化、个性化，他们开始从线下购物转向线上购物。方便快捷、互动性强、可有效利用碎片化时间、可享受到多元化购物体验的互联网购物，成为消费者首选的购物方式。

但在实际生活中，依然有很多消费者选择线下购物。调查显示，仍有93% 的消费者认为线下购物方便快捷。消费者在线下实体店购物能获得真实的购物体验，真正地接触商品，与店员面对面交流，这些都是消费者选择线下购物的原因。

新生代消费群体具有两大特点：一是规模庞大。根据国家统计局的调查，

2010 年我国"80 后"的人口规模已达到 1.7 亿，"90 后"达到 1.94 亿，"00 后"达到 1.4 亿，总体数量接近 5 亿。二是年轻一代的消费习惯发生了明显的变化。上一代消费群体追逐名牌商品，而新一代消费群体倾向于选择具有个性化特征和独特价值的小众品牌，注重自身的个性化需求，彰显自己的独特风格。此外，新生代消费群体更加注重产品质量，消费体验对其消费决策具有重要影响。

随着消费环境的改变，以往的销售模式、产品理念、销售方法等已经脱离了市场需求，为了吸引消费者的目光，商家必须对传统的零售模式进行改革。在新常态下，传统零售业的粗放经营方式不再适用，传统零售企业必须加快变革，创造与市场发展环境相适应、能满足新一代消费群体需求的经营方式。新消费时代的零售变革主要体现在以下五个方面。

（1）精准定位：实施精细化客户管理

传统模式下，零售店的客群定位模糊，顾客黏度低，企业对顾客实施笼统管理。新形势下，零售店必须实施精准定位，提高顾客黏度，实施精细化客户管理。精准化运营，能够拓宽实体零售的发展空间。实体店必须着重提高营销针对性，根据消费者需求提供对应的商品、服务及优质的体验，提高消费者的黏度。

（2）品类调整：拓展商品结构与品类优化

零售店必须优化品类，拓宽经营范围，并在垂直方向进行深耕，使商品种类更加丰富。不仅如此，店内还必须推出更多精品，更好地对接市场需求。

（3）场景体验：打造生活化的消费场景

随着市场上涌现出越来越多的商品，商品功能也愈加丰富，商家必须注重打造消费场景，在特定的场景中推出商品。目前，大卖场多将内部划分成不同的商品区，未来这种划分方式将被改变，比如以生活区来划分，包括厨房区、卧室区、客厅区等。

（4）千店千面：注重门店特色与个性化

商家必须颠覆传统的格式化零售方式，在店铺布局、产品经营、促销方面体现门店的独有特色和个性化特征。这样做的前提是，准确感知并分析消费者的新需求，及时洞察商品市场的变化趋势，利用大数据提高营销针对性，有效对接顾客需求。

从根本上来说，线上零售与线下零售最关键的都是要吸引消费者，不同之处体现在交易方式上。全渠道运营是零售业的未来发展方向，实体企业可通过布局线上渠道，拓展发展空间，扩大门店的服务范围。

（5）思维变革："以商品为主导"转向"以消费者为主导"

传统零售时代，企业以商品为主导，商品对零售店的发展起到关键性的作用，商品本身是企业关注的焦点，商品决定一切。近几年，很多实体店面临商品滞销问题，甚至被市场淘汰出局。在激烈的市场竞争中，门店要想抓住顾客，不仅要注重商品本身，还要认识到顾客的重要性。顾客已经取代商品，占据着主导地位，企业必须围绕顾客需求开展自身的运营，通过推出符合消费者需求的商品和服务，提高他们的认可度。

未来，零售市场的业态将更加丰富。面对日益激烈的市场竞争，实体零售必须符合市场总体趋势，与消费者需求保持一致，紧跟时代发展的步伐。

重构商家与消费者之间的连接

近年来，亚马逊、阿里巴巴等巨头企业纷纷在新零售领域展开布局。从战略层面来分析，布局新零售能够让企业提高用户黏度，并在此基础上凸显自身的竞争优势，进而扩大市场份额，提高盈利能力，获取更多利润。先进的信息技术，如大数据、云计算、人工智能、3D 打印、VR 等，在新零售中发挥着关键作用。

那么，如何理解新零售？下面从消费者、零售商、消费者与零售商之间的关系等方面进行梳理与分析。

诸多因素会对消费者的行为产生影响。以"理性经济人"来概括消费者的观点，早已受到多项研究结果的挑战。相较于对理性的追逐，人们对消费便捷性的要求越来越高，倾向于不断降低在体力、认知、情感等方面的成本消耗，也就是说，消费者正变得越来越懒惰。

很多消费者会依靠直观判断和主观想法进行决策，尽管这种判断在很多情况下并不正确。非理性因素在消费者决策过程中发挥着重要的作用。此外，不同的消费者持有不同的标准，对品牌认知也存在一定的区别，而同一个消费者，在不同时间段的判断标准也不相同。

比如，部分消费者以"经济性"作为消费标准，如购买便利贴等价格不高的物品时，低成本是他们关注的重点。

消费者还有许多其他标准。举例来说，购买医疗服务的消费者追求的是"卓越性"标准；注重从购买商品的过程中获得愉悦感的消费者，关注的是"体验"标准；要求商品配送时间不超过规定期限的消费者，关注的是"准确度"标准；选购奢侈品的消费者更加关注"自我"；还有一些消费者注重购物的"效率"，为了节省自己的精力成本，选择通过网购方式满足自身需求。对商家而言，要对消费者进行有效的分类管理，将消费者视为独立的个体组成，把握其个性化特征与需求。

从卖家的角度来分析，在经营与发展过程中，既要对"销售组合"理论中包含的生产、服务、价格促销、陈列位置进行研究，又要考虑产品、人、购物组合、销售过程、合伙人、渠道、文化等诸多因素。商家想对接客户的需求，就要注重产品和服务的提供，在制定战略决策时，也要依据品牌定位，考虑买家的购物组合。

可供卖家选择的策略还有很多，包括长尾产品组合、零库存分销、需求导向产品和服务等。为了优化产品组合管理，卖家也可以选择与第三方平台合作开展运营。卖家也可以持续改善其生产方式，比如由传统模式下的以产定销，转换为依据订单安排生产。

零售商可以根据自身特点及发展需求，从投资组合、人员与合作伙伴选择方面入手，对消费者市场的选择与垂直市场的情况进行具体分析，进而制定专属自己的发展战略。在这个过程中，我们必须重点关注零售商和消费者的关系。

从客户的角度来分析，在与零售商进行接触的过程中，消费者会做出一系列行为选择，比如浏览产品信息、对比不同产品、购买产品、收货、消费产品、享受配套服务等。这些行为贯穿于消费者购买和使用产品的整个过程中。

消费者做出上述行为选择时，不只是与商品所属的实体店或网店打交道，而是在与品牌进行互动。为了给消费者提供更多便利，部分零售商推行了线上渠道与线下渠道的一体化运营，消费者可以在网络平台下单；若对商品不满意，则可到实体店退换货。也有消费者选择在实体店进行商品对比与筛选，然后到网上购买；若对商品不满意，则到实体店退货。但是，不少网店并未开设实体店，有的网店即便开拓了线下业务，也只是作为线上运营的一部分。此外，部分零售商开拓了多元化的渠道，打通了零售端与后台系统的运营连接，有效提高了库存管理能力。

对待不同品牌，消费者的态度是不同的。对于部分品牌商品，消费者不会复购，与品牌之间的交易关系也是一次性的。部分消费者在使用产品之后，会向供应商提出产品改进意见，并希望对方能够切实执行；如果供应商并未听取他们的意见，就会引起消费者的不满。在这方面，零售商应该客观分析具体情况，了解消费者所期待的关系，及时把握消费者的需求，通过构建相应的情景，与消费者展开良好、高效的双向互动，满足他们的个性化需求。

创建新零售"ABCDEFG"模型

新零售是在传统零售的基础上发展起来的。近年来，迅速崛起的电商行业在发展过程中遇到了一些阻力，实体店也面临挑战，新零售则能够推动线上渠道与线下渠道实现一体化运营，促进云、网、端深度结合。

传统模式下，零售企业在发展过程中遵循的是"经济原则"与"效率原则"。进入新零售时代后，企业更加注重消费者群体，对消费者的生活方式进行把握，根据消费者的需求开展自身运营，不断提升消费者的购物体验。

技术创新与发展为企业把握消费者需求提供了有效支撑，许多企业在新零售领域展开布局，其经营方式主要分为两种：一种是利用数字技术及信息网络平台，对用户相关信息进行统计分析，提高零售企业的营销针对性；另一种是根据消费者的需求，实施门店管理、运营，为用户提供良好的消费体验。

大数据分析与应用是新零售运营过程中的重要一环，从消费者接触商品开始，到进行产品消费，再到产品回收与再利用，都能够进行数据获取与分析。

我们用"ABCDEFG 模型"来归纳这个过程，具体涉及态度（Attitudes）、行为（Behaviors）、语境（Contexts）、人口统计学（Demographics）、外部数据（External Data）、朋友（Friends）和目标（Goals）[1]。

以超市经营为例，以往，超市获取的用户信息仅限于基础性内容，如顾客年龄、性别、其所在地邮政编码。利用大数据，零售商能够从消费过程的各个环节攫取用户的更多信息内容，除了从网络渠道获取消费者的信息之外，还可以从消费者的产品使用过程获取相关数据。通过社交媒体平台上用户表现出来的情绪，或者评论中用户的反馈信息，能够获知用户的"态度"，据此对用户

---

[1] 资料来源："ABCDEFG 模型"的提出者是美国"云经济学"的开创者乔·韦曼，曾任职于贝尔实验室、AT&T、惠普和 Telx 公司的研发、公司战略、运营、工程技术以及市场营销和销售部门。

的"行为"信息进行更深入的研究。

以视频服务为例，传统模式下，运营方只能掌握消费者购买的视频类型；如今，除了了解消费者观看的视频类型之外，运营方还能进一步了解消费者的观看过程，包括用户重播过哪些视频、哪些内容选择了跳过等；还能够掌握用户观看视频的环境信息，以及具体的观看时间、地点等。

零售商可以获取外部数据，分析外部因素对自身产品销售的影响，找出两者之间的联系，据此改进采购计划。此外，商家还可以对社交关系中潜藏的商业价值进行挖掘，利用消费者的社交关系促进产品销售。很多消费者倾向于选择朋友中意的产品，朋友的评价也会在很大程度上影响他们的消费决策，相比之下，广告与推送信息的影响力反而较低。利用先进的技术手段，零售商能够分析出消费者的目的与意图，结合对消费者历史搜索信息的把握，挖掘消费者的需求与个人偏好，据此推荐相对应的商品或服务信息。

零售商应该以自身的商业模式为基准，对新零售模型中包含的态度、行为、场景、人口统计学、外部数据、朋友、目标因素进行分析，据此选择合适的经营策略，提高客户的认可度，积累更多的长期用户，也可以在了解消费者多种需求的基础上，通过满足其需求，销售相关产品来拓宽利润空间。

坚持以顾客为中心的经营策略

坚持以顾客为中心的经营策略主要包括以下三方面。

（1）注重客户的消费体验

相较于互联网电商来说，实体零售企业最大的优势就在于能带给消费者真实、优质的体验，让消费者触摸到产品，全身心地投入其中，获得愉悦的消费体验。如果实体店铺拥有种类齐全的商品和完善的配套设施，消费者多元化需求就能得到更好的满足，比如消费需求、娱乐需求、聚会需求、互动需求等。

某公司针对消费者线上、线下购物意愿做了一项调查，调查结果显示：七成以上的消费者有在实体店试用商品的诉求，近五成的消费者希望可以线上下单、线下提货。但目前，在所有零售企业中，只有三成左右的企业可以为消费者提供这种线上、线下一体化的服务。因此，在新零售环境下，企业必须打造多元化的店面营销方式，营造轻松愉悦的购物环境，让客户享受到愉悦的购物体验。

除此之外，线上平台要积极收集顾客反馈的购物意见，对其进行深入分析；线下门店要不断改进物流组织方式、商品采购模式、产品整合营销方法，优化价格定位，做好卖场设计等，让线上平台与线下门店实现优势互补。

（2）打破暴利心态，注重产品质量

企业的生存发展要立足于产品质量，只有高质量的产品才能吸引消费者购买。随着网络零售愈发成熟，可供选择的产品种类越来越多，产品价格越来越透明，实体零售店在商品采购、组织、销售方面面临的压力越来越大。

一方面，产品设计要紧跟时代发展，迎合消费者喜好，让产品定位随生活方式的改变而改变。在运作方面，实体零售店铺要尽量延长消费者的停留时间，通过有针对性地为消费者提供高质量的产品，提升消费者的忠诚度。

另一方面，消费者偏好网购的原因主要是网购商品的价格比较低，所以，实体零售店的商品采购与生产要尽量减少中间环节，发展更多运营渠道，打造差异化的商品与服务，实现薄利多销。

（3）资源整合，提升运营效率

以"名创优品"为例，这家诞生于2013年的连锁零售企业，仅用了3年时间就将店铺拓展到了1100多家，营收超过100亿元。名创优品成功的关键就在于从整体上提升了企业的运营效率。首先，原材料采购与商品生产执行规模化采购、大批量生产；其次，在商品流通环节，商品直接从生产商流转到零售企业手中，中间环节大幅减少，渠道运营成本越来越低，物流供应路线得以优化，不仅使商品流通效率得以大幅提升，还在很大程度上降低了运营成本。

借鉴名创优品的成功经验，在新零售环境下，实体零售企业要摒弃传统的靠压缩产品生产成本来获取利润的方法，积极与生产商、第三方企业合作，形成互利共生格局，提升产品质量与附加值。

在新零售环境下，零售企业要做好以下三点：首先，回归经营的本质，提供优质的产品及服务，不断改善用户体验；其次，紧跟时代发展步伐，以电商的冲击为机遇，激发自己的创新潜能，取得突破式发展；最后，关注新一代消费群体需求，及时更新自己的意识形态与运营策略，拓展自己的生存发展空间。

电商巨头布局新零售背后的逻辑

电商布局实体零售的转型逻辑

新零售不但吸引了阿里巴巴、京东等零售企业广泛布局，腾讯、网易等互联网企业也纷纷入场。不同企业根据自身掌握的优质资源及实际发展情况的差异，制定了差异化的新零售策略。

除了开辟新市场、满足企业转型升级需要等目的外，对于腾讯、网易这种跨界而来的玩家，其目的更多的是进一步完善生态系统，和社交、游戏等业态形成互补。随着新零售玩家越来越多，竞争愈发激烈复杂，实施精细化运营，通过对细节的极致把控，让消费者方便快捷地实时购买，并享受各种优质服务，成为企业突出重围的关键所在。

表面上看，新零售模式是电子商务发展到一定阶段后的产物，面对愈发突出的产品与服务体验缺失等问题，传统电商企业不得不布局实体零售，但实际上，电商产品与服务体验缺失的根源在于消费升级。如今人们对服务与体验更为重视，而传统电商的主要优势在于购买便利性、低成本，但其无法满足服务与体验需求，必然陷入流量成本持续攀升、增速趋于停滞的发展困境。

（1）电商模式已经难以满足用户需求，技术驱动的场景体验时代正在来临

互联网的大规模应用是电商崛起的重要基础，屏幕是影响电商用户体验的重要因素。通过 PC 电脑或移动智能终端屏幕呈现的信息选购商品，虽然使人们摆脱了对实体店的依赖，但屏幕能够呈现的信息是有限的，得到的商品信息不完善，甚至由于色差的存在，或商家的刻意美化，消费者获得了错误的商品信息，很难购买到真正适合自身的商品。

同时，大部分电商平台扮演的角色以撮合交易为主，不会参与产品生产、仓储、配送、售后等环节。为了保证平台商品的丰富性，平台也很难下定决心对卖家销售的商品进行严格审核，这就为假冒伪劣商品提供了生存的沃土。消费者确实可以方便快捷地低价购买，但产品质量与售后服务根本不能得到保障。

从传统电商的平面体验时代进入新零售的场景体验时代，是零售业的主流发展趋势。它可以让用户在立体化的场景中，全方位感受产品与服务，获得更多的体验感、参与感，从而激发其购买冲动及口碑传播。当然，人们追求的体验是个性化、多元化的，且处于动态变化之中，为了迎合这种特性，电商平台需要充分利用物联网、人工智能、大数据、云计算等新一代信息技术，赋能商家，帮助它们为用户提供超出预期的极致体验。

（2）零售不再是一种消费方式，而是一种生活方式

传统电商通过去除大量中间环节，大幅度降低了流通成本，给消费者提供了较大的让利空间。同时，网络空间的容量没有限制，商品品类得到了极大丰富，淘宝更是号称"只有想不到，没有买不到"。但这只是让人们购买商品从线下转移到线上，彼时的零售仍有着浓厚的消费属性。进入新零售时代后，零售已经不再仅是一种消费方式，而是承担了展现人们追求的生活方式、文化、价值观的功能，有了更多的符号价值。

网易严选、小米有品、淘宝心选等新兴电商平台应运而生，长期来看，这类平台的出现仅是开始，未来随着人们愈发强调零售的生活方式、文化等符号价值，新零售模式将更为丰富多元。当然，这需要更先进的技术与设备，以提供有力支持，让人们方便快捷地购买到适合自身商品的同时，还能获得精神与情感层面的绝佳体验。

（3）线上与线下之间的鸿沟需要弥合，用户消费开始追求虚实结合

传统电商崛起给实体零售带来了巨大冲击，门店客流量明显下滑；为了打破困境，实体零售企业进行了一系列的探索实践，但大部分均以失败告终。传统电商时代，电商企业的迅速发展和实体零售企业的节节败退形成了强烈对比，线上与线下之间出现了巨大的鸿沟。但在用户体验上，电商与实体零售都存在一定的不足，前者难以让消费者实际体验产品与服务，后者则牺牲了性价比和便利性。

消费升级背景下，线上与线下融合成为零售企业的必然选择。它使消费者在实体门店中实际体验商品，然后在线上使用优惠券下单购买，并由最近距离的网点进行配送或消费者到门店自提，附近的网点还能提供完善的售后服务，实现了线上与线下的优势互补。

认识到消费升级是新零售模式背后的核心推动力，零售企业必须回归到为用户创造价值的商业本质，真正做到以用户为中心，基于用户需求改善组织架构、业务流程，重新制定战略规划，携手上下游合作伙伴共同为用户服务，实现多方共赢。

以技术与数据重构零售生态圈

从本质上看，新零售就是一种消费关系的变革。过去，实体商业的发展深受库存制约，未来消费关系变革中，按需生产将是关键。按需生产就是生产者根据消费者的需要生产产品，通过供给侧结构性改革消除产能过剩。

未来，在商业领域，人将成为唯一的标准，一切商业活动都将以满足人的需求为根本目的。只有借助数据与技术，传统零售行业才能发生一系列变革。在变革过程中，消费关系将得以重构，生产、销售、渠道、盈利模式将发生根本性变革。近来，以新消费关系为基础，电商平台推出了预售与试销服务，目的就在于对市场需求进行精准测算，促使零售企业实现"轻资产化"。

基于此，我认为"新零售"的核心就是利用大数据、人工智能等手段增加产能，提升生产效率。具体来说就是通过数据采集与分析，对消费者需求进行深度挖掘，提升产能，对商品生产、流通、销售等环节进行改造，带给消费者更优质的消费体验，进而对商业活动的三大要素"人、货、场"进行重构，高效构建商业生态圈。

2018 年 1 月，Amazon Go 正式开业，这是亚马逊首家无人便利店。在这家便利店中，消费者选好商品之后可以直接带走，无须等待收银结账，唯一要做的就是登录 Amazon Go 的 App 签到，便利店内的传感器会对顾客的有效消费行为进行记录，在顾客离开时根据其消费情况进行结算。"即拿即走"的消费模式是亚马逊利用人工智能技术对新零售的一次尝试，不仅解决了超市购物排队等待结算的问题，帮消费者节省了购物的时间成本，还让消费者享受到一种全新的购物体验。

近来，阿里巴巴正努力从单一的商品销售平台转变为集电商、支付、金融、文娱等业务板块为一体的大数据平台。盒马鲜生可视为阿里巴巴在新零售领域的试水。它以数据消费地址为依托，通过数据分析选择人流量大、消费水平高的居住区开设店铺，不仅让区域内的消费者很快接受了这种新业态，而且盒马鲜生只支持支付宝结算的服务模式，也迎合了大多数消费者的消费习惯，满足了区域内消费者的个性化需求。在数据支持下，新零售可以为消费者提供效率更高、服务更好的商业体验，同时可通过线下数据的收集、分析，对用户的购买行为进行归纳，对营销方案进行优化，开展精准的商品推送与营销。

新零售要求实体零售企业引入数字化思维，用理性化工具解决人、货、场之间的问题。

以日本茑屋书店为例，这家"世界上最美的书店"不只是外形设计美观，而且为消费者提供了一整套生活方式提案，将图书、餐食等完美地融合在一起，让消费者"即看即买"，买到就可以前往休息区品尝。这种场景不仅吸引消费者全身心地投入其中，带给消费者真实、深刻的体验，还刺激消费者自发消费。

在业态融合、空间重构方面，茑屋书店做出了成功示范，而这种成功是以6000万"T积分"的用户数据沉淀为基础实现的。通过用户数据分析及用户画像描绘，书店的空间设计、产品选择都有了科学依据。

新零售也好，传统线下零售也罢，要想在激烈的市场竞争中脱颖而出，必须明确自己的目标客户，提供可以满足目标客户需求的产品和服务。同时，大数据的介入将产生巨大的价值，通过数据挖掘对目标客户群体及其所需的消费场景进行精准定位，可以有效提升商业运营效果。

在大数据的驱动下，致力于提升消费体验的新零售，必将从各个方面对消费者的生活产生影响。随着技术工具的不断发展，新信用体系逐渐建立，新零售将被赋予更多新的意义。

电商巨头布局实体零售的发展走向

让我们一起来解读一下电商巨头实体布局的特点与发展走向。

（1）电商巨头实体布局的特点

虽然部分电商巨头以自建方式布局线下，但整体来看，和实体零售企业合作补足线下短板是主流趋势。在阿里巴巴、京东等电商巨头发布的战略规划中，都将扩大线下投入作为一项重点布局。和其他行业相比，零售领域的线上流量与线下流量更容易相互转化，从而使其成为互联网企业布局线下的关键切入点。

京东投资尤其青睐本地服务，生鲜、智能硬件、金融等都是典型代表；同时，还投入大量资源布局实体店——京选空间。得益于京东物流提供的强有力支持，京选空间未来发展具有明显优势，但由于布局时间较短，能否得到市场认可有待验证。

阿里巴巴的投资十分多元化，不过短期分散投资占比较高，而短期分散投资是很难对阿里巴巴产生实质影响的。和京东发力实体店不同的是，阿里巴巴更倾向于投资现有零售企业，意欲进一步扩大自身市场份额，并推进经营多元化。

阿里巴巴已经拥有了较高的零售市场份额，导致其获取新用户时需要付出较高的边际成本。当然，广泛布局产生的协同效应与支付宝带来的移动支付优势，也让阿里巴巴线下布局有广阔发展前景。

和纯电商企业相比，实体零售企业依托线下门店，发挥门店的展示、销售、体验、售后、仓储等诸多价值，在供应链管理、场景营销、用户体验等方面具有明显优势，同时，在线上利用社交媒体、官方网站、购物 App 等多种渠道传播推广，并搜集海量用户数据，实现对用户需求的精准预测，优化选品、库存及营销方案，通过线上线下一体化运营，满足消费者全渠道购物需要。

（2）电商巨头实体布局的发展走向

图 1-3 所示是电商巨头们实体布局的发展走向。

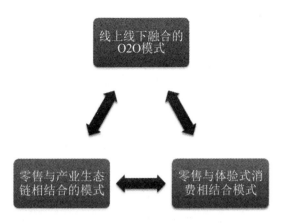

图 1-3　电商巨头实体布局的发展走向

一是线上线下融合的 O2O 模式。线上方面，智能手机与移动互联网的大规模推广普及，使企业经营管理朝着数字化、智能化方向转型，催生了丰富多元的商业模式。线下方面，融入消费者本地化生活的社区零售模式的崛起，显著缩短了企业和消费者之间的距离。通过线上与线下结合，可以整合两者优势，为消费者创造更多价值，小而美的社区店、品类专业店将步入高速发展的快车道。

二是零售与体验式消费相结合模式。整体来看，将零售和体验式消费相结合的零售业态包括四种：购物中心、百货商场、连锁超市及便利店。其中，凭借多元业态组合、让消费者享受吃喝玩乐一体化体验等优势的购物中心尤被看好；百货商场则因为体验单一、盈利渠道过窄而处于下行状态；连锁超市和便利店人性化、亲民化，为迎合消费者需求主动做出一系列改变，比如提高生鲜、餐饮及快消品占比，也有着广阔发展前景。

三是零售与产业生态链相结合的模式。该模式强调和产业链上下游参与者进行合作，打通产业生态链，提高资源利用效率，实现多方合作共赢。以淘宝为例，针对下游个体商户，淘宝依托阿里云提供的大数据分析服务，为个体商户上新、营销、定价等提供支持；针对上游厂商，淘宝依托平台大数据，帮助其对设计、生产、库存等环节进行优化，更好地适应动态变化的消费需求。

综上来看，国内电商巨头布局实体零售的趋势包括以下几点：一是实现线上线下一体化经营的 O2O 模式，成为电商企业发力新零售的必然选择；二是零售领域的并购案例大量涌现，巨头控制能力进一步提升；三是新旧模式差异造成的影响进一步凸显，和互联网发展初级阶段相比，传统零售模式在满足用户个性需要、为用户创造独特价值方面的短板愈发突出，不能积极变革的零售企业将被淘汰出局；四是不同模式、领域的企业"抱团取暖"将成为不可阻挡的时代潮流，这一方面是为了应对激烈的市场竞争，另一方面是为了打破边界，谋求更多的利润增长点。

小米之家的新零售实践与启示

作为小米线下零售布局的小米之家，从 2015 年 9 月开始上线，至今发展势头颇为迅猛，2018 年 1 月，小米之家全国门店数量已经超过 300 家。雷军在 2017 年年初曾表示，要在 3 年内开设 1000 家小米之家，而且小米之家不仅有普通店，还有"高大上"的旗舰店。

（1）小米与苹果的零售战略比较

小米和苹果都是得益于产品本身具有的领先优势，吸引了大量忠实粉丝，然后利用粉丝经济获得丰厚利润。对苹果和小米的零售门店进行深入分析，可以发现二者的运营管理存在较大差异，这种差异主要体现在以下两大方面。

一是门店定位和拓展战略。苹果零售店承担产品展示、体验、营销及售后服务等功能，门店经营面积高达 1000 ～ 3000 平方米，门店选址集中在城市核心商圈，销售的产品品类及门店数量相对较少。苹果官方数据显示，2018 年 1 月在韩国首尔江南区开业的苹果线下门店是全球第 500 家苹果线下门店。苹果线下门店在中国共有 49 家，41 家位于大陆地区，门店销售的产品是手机、手表、电脑、耳机、键盘等苹果自有商品。

小米之家门店虽然也承担产品展示、体验、营销功能（不提供售后服务，有专业的网点负责售后服务），门店经营面积为 200 ～ 500 平方米，即便是深圳旗舰店也仅有 650 平方米，和苹果存在较大差距。小米之家选址策略和快时尚品牌一致，门店扩张快、数量多，3 年时间已经开设 300 多家，销售的产品主要是小米自有及其生态链企业的爆款及新品。

二是产品定价和盈利策略。小米产品主打性价比，将智能硬件作为流量入口，通过软件服务获取更高的价值回报，产品定价平民化。苹果以其强大的创新能力，追求卓越的极致精神，在全球范围内沉淀了大量忠实粉丝，强大的品牌赋予其产品较高的溢价能力，产品售价高昂，通过销售硬件已经可以为自身创造巨大利润，软件服务营收虽然在稳步增长，但创造的利润和硬件业务相比仍存在较大差距。

（2）小米新零售战略的启示

小米创始人雷军在解析小米的新零售战略时，给出了"零售 = 流量 × 转化率 × 客单价 × 复购率"的公式，如图 1-4 所示。

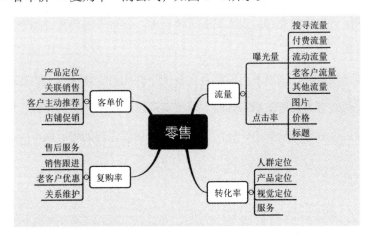

图 1-4 零售公式的思维导图

流量。依托门店选址及商品组合提高客流量。小米之家选址对标快时尚品牌，主要位于一、二线城市核心商圈，可以和星巴克、优衣库、无印良品等快时尚品牌相互引流。结合用户场景体验制定产品组合策略，门店提供了200～300个SKU（Stock Keeping Unit，库存量单位）的商品，并且及时对门店产品进行更新，对那些追求时尚潮流的年轻消费者有较大吸引力。

转化率。提高转化率的关键是确保产品品质以及数据选品，小米产品本身具有极高性价比、富有科技感，对用户具有较高吸引力，同时，基于线上销售等数据分析进行选品，可以精准对接消费需求，从而提高门店转化率。

客单价。小米提高客单价的做法并非是提高产品价格，而是增加消费者的购买量。小米自有及小米生态链产品采用统一的小米风格，尤其是智能科技产品，可以借助小米App进行统一控制，能够有效提高连带销售量，而且小米之家可以让消费者真正体验产品，了解产品的性能、性价比等优势，刺激更多的冲动性消费。

复购率。小米提升复购率的做法是强化品牌认知和打通全渠道。小米产品的良好口碑为其线上线下传播推广带来了诸多优势，近年来小米致力于将自身打造为国民科技生活品牌，投入更多营销资源，使更多的消费者能够认识小米并主动购买。

打通全渠道后，消费者可以结合自身的个性化需求选择线上购买或线下购买，为了获得更为良好的购物体验，消费者还可以在门店实际体验，然后线上购买并通过代金券享受优惠，在门店中自提并享受完善的售后服务。

【案例】星巴克：构建全新的零售生活体验

数字转型：抢先布局移动零售

电子商务的出现与发展给传统零售商造成了巨大的冲击，再加上数字化应用大爆发，数字化给消费者的日常生活带来了巨大影响。数字媒体带来的信息冲击也好，互联网商品交易平台的普及也罢，消费者追求的永远是优质的购物体验。零售业数字化转型之后可实现 7 天 ×24 小时营业，打破了传统购物活动的时空限制，丰富了消费者的购物选择，让消费者可以享受到更方便、更快捷的生活体验。

早在人们还没有意识到电商会对实体零售业造成冲击之前，星巴克就在其创始人霍华德·舒尔茨（Howard Schultz）的带领下开始 IT 基础建设，投资科技公司，在公司内部设立"首席数字官"一职，带领星巴克启动数字化转型。

（1）抢先布局：探索移动零售新蓝海

2009 年，星巴克发布了第一款手机应用；2011 年，这款手机 App 上线移动支付功能，用户使用自己的会员卡号登录 App，可查询个人账户信息，也可以进行会员卡充值。用户在星巴克门店消费时，只需向收银员出示手机 App 中的会员账号二维码，收银员扫码结算即可。引入手机移动支付之后，星巴克不仅节省了刷卡时间，提升了购物结算效率，还节省了相关的交易费用，降低了运营成本。

据统计，相较于在收银台刷信用卡结算，移动支付可以节省近 2/3 的时间，只需 6 秒就能完成收付款，极大地提升了支付结算效率。对于零售行业来说，快捷支付非常重要，不仅能避免让顾客长时间排队等待结算，消磨顾客的耐心导致放弃购物，还能拉动产品销售。事实证明，使用移动支付之后，顾客确实愿意多购买、多消费，因为便捷的移动支付非常容易引发额外的购物冲动。

（2）创意执行：强大的技术研发团队

数字技术更新速度非常快，CDO（Chief Development Officer，首席开发官）带领的产品研发团队要如何选择研发领域，应打造何种产品与服务呢？在这方面，研发团队要先考虑某个领域是否可行，然后再思考如何打造新颖的产品与服务。

在确定领域之后，研发团队通过三个渠道的信息确定要打造何种产品与服务。

第一个渠道，CDO 与 CIO（Chief Information Officer，首席信息官）团队定期举办头脑风暴，如每季度举办一次，或每个月不定期举办一次，寻找为消费者或合作伙伴创造新体验的机会。

第二个渠道，研发团队通过与门店经理交流，获知其与消费者或合作伙伴交流的方法，采用一定的技术手段帮助他们减少摩擦。

第三个渠道则是直接从霍华德·舒尔茨及公司领导团队获取建议，因为星巴克的整个高层管理团队已经达成了共识：根据最新的创新成果及消费者技术进行决策。

确定做什么之后就是执行。从企业结构来看，过去，星巴克通过一个中心来完成一个数字技术项目，比如，一个小组负责项目管理，一个小组负责项目执行，多个专项小组合作共同研发一个产品。如今，星巴克强调创新与协作，在公司内部建立了"美虎队"①，负责执行某些特定任务，完成既定目标。从立项到执行的全过程都由美虎队完成。

（3）数字体验：打造全渠道消费场景

任何关于消费者的数字化项目，无论设计还是执行，都要由两个部门讨论决定，所有人都要在战略层面达成共识，这些都对企业运作效率的提升产生了积极影响。星巴克将移动 POS 端打通，为消费者构建了一个全渠道生活场景，对线下门店进行数字化改造，通过数据传递，最终实现了产业价值链的再造。

消费者在线上交易会留下交易记录，在线下刷卡购物也会在 POS 机中留下购买信息，会员系统实现数字化改造，这一切都表示消费者的全渠道消费行为可以实现数字化，可进行跟踪分析。在这种情况下，商品不再通过电视、报纸等大众媒体向普罗大众推送，而是通过移动终端面向目标消费群体开展精准营销。据了解，在美国，星巴克通过移动终端达成的交易在交易总额中占比14%。

对于星巴克来说，数字化不是简单的创建一个网站或销售点系统，而是一种能力，一种与消费者连接、革新消费体验、拉动公司业务增长的能力。数字网络也好，移动支付、社交营销也罢，其最终目的都是创造一个更大的数字网络，让星巴克以前所未有的方式与消费者建立连接。

---

① 美虎队（Tiger teams），原指一批电脑迷受雇试图闯入电脑系统以检测其安全性。

门店迭代：咖啡品牌体验升级

在商业领域，很少有企业能做到历久弥新，但星巴克却是其中之一。5年时间，星巴克的咖啡烘焙工坊经历了3次革新，从1.0、2.0到3.0，不断引进新技术，推动店铺迭代更新。相较于盒马鲜生的"平地起高楼"，星巴克这种"旧城改造"更能展现新零售的演进过程，对我国线下实体零售企业的进化起到示范作用。

2017年8月2日，星巴克创始人霍华德·舒尔茨在盒马鲜生创始人侯毅的陪同下访问了盒马鲜生上海长宁店。

星巴克诞生于1971年，凭借体验式商业模式（打造家和办公室之外的"第三空间"）迅速风靡全球，成为业内成功的典范。而盒马鲜生是中国新零售的典范，受到了美国媒体的高度评价，称盒马鲜生的成就已经超越了以创新闻名的美国同类零售企业。

霍华德·舒尔茨2017年年初曾在清华大学做了一场演讲，在这场演讲中，霍华德·舒尔茨提到了他对新零售的焦虑：因为亚马逊、阿里巴巴等电商巨头的存在，每一家实体店都受到了电商威胁。这就意味着零售业必须进行一个大调整，会有很多实体店因此关闭歇业。为了避免淘汰，我们必须打造更好的、有情感诉求的、浪漫的实体门店。

对星巴克的发展历史进行研究可以发现，近10年来，星巴克在迭代更新、改进新技术、提升门店运营效率方面取得了诸多成就，可视为美国传统零售企业探索新零售的典范。

2017年4月，霍华德·舒尔茨正式卸任。卸任之后，他表示会将全部精力放在推动星巴克下一代门店，即咖啡烘焙工坊和臻选品鉴馆的发展方面，致力于打造"更好的、有情感诉求的、浪漫的实体门店"。

霍华德·舒尔茨认为咖啡烘焙工坊代表了下一代零售体验，能使星巴克在未来的市场竞争中占据有利地位。

2014 年，星巴克第一代咖啡烘焙工坊在西雅图开业，店铺面积约 1393 平方米，古典风格的建筑内部划分出了 2 个咖啡吧、1 间主题商店、1 间图书馆、1 间透明的咖啡烘焙厨房。霍华德·舒尔茨将咖啡烘焙工坊比作"一张承载咖啡、戏剧和浪漫的魔毯"，立志将其打造成独立的、优质的咖啡品牌。

第二家咖啡烘焙工坊已在中国上海开业，坐落在上海最繁华的南京西路兴业太古汇内。店铺面积 2700 平方米，大约是西雅图咖啡烘焙工坊面积的 2 倍，为顾客提供和西雅图咖啡烘焙工坊一样的体验。因为空间充足，上海咖啡烘焙工坊还将尝试很多西雅图咖啡烘焙工坊没有的体验和场景，满足消费者对咖啡店的新需求，树立新一代星巴克的品牌调性，以获得新一代消费者的青睐。星巴克之所以选择在中国上海开店，不仅因为中国是星巴克最重要的海外市场，还因为上海是盒马鲜生的诞生地，是阿里巴巴探索新零售的重要市场。

当然，除了在上海建立咖啡烘焙工坊之外，星巴克在中国市场上的门店也开始迭代更新。比如，2014 年 10 月，星巴克臻选店进入中国市场，为顾客提供独有的手冲咖啡体验。在星巴克臻选店旗舰店的设计过程中，星巴克引入了很多当地独有的文化元素，比如上海迪士尼店设计为圆形穹顶建筑，北京嘉里中心店在室内装饰中使用了中国传统的水墨画和青花瓷碎片。

近几年来，星巴克不仅更新了门店体验，还革新了产品与服务。2013 年，星巴克建立了自己的冷榨果汁工厂，斥资 7.5 亿美元收购了 Evolution Fresh 果汁、布朗热烘焙、Teavana 茶。2016 年 7 月，星巴克投资了意大利餐饮品牌 Princi，并将 Princi 食品引入了上海和纽约的咖啡烘焙工坊，这是星巴克首次在线下门店尝试食品烘焙。

星巴克自诞生之日起就从未在店铺中进行过食品烘焙，Princi 食品的引入进一步提升了顾客在星巴克门店的体验，包括早餐、中餐和晚餐。也就是说，星巴克不只希望顾客在店内享用咖啡，感受其浓郁的文化氛围，还想带给顾客优质的美食体验。星巴克改造供应链，打造新产品、新服务，凸显场景，想方设法迎合新一代消费者的需求，这一切都与盒马鲜生对新零售的探索一致。

第四空间：拥抱数字创新时代

2017年7月底，阿里巴巴集团首席执行官张勇在上海的一次演讲中提出一条新零售实现路径，即"实体零售企业 + 科技公司"，并以银泰百货近两年的发展为例做了说明，强调零售企业只有与掌握了最新技术的科技公司合作，才有可能适应数字创新时代，并在这个时代大有作为。

就"零售 + 科技"这一路径而言，星巴克是最早将零售与科技结合在一起的线下实体零售企业。2017年1月，微软 CEO 萨提亚·纳德拉（Satya Nadella）加入星巴克董事会；4月，凯文·约翰逊（Kevin Johnson）接任星巴克 CEO。凯文是科技界的资深人士，曾在 IBM 就职，并在微软工作了16年。这两人的加入助推了星巴克实时应对科技行业的变化，指引星巴克率先引入零售行业的前沿技术。

事实上，早在2008年，霍华德·舒尔茨再次回归公司担任 CEO 时就已经发现消费者的消费行为发生了巨变。自那时起，星巴克就开始致力于打造"第四空间"，推动实体零售与数字渠道相融合。

2012年，星巴克设立"首席数字官"一职，成为市场上为数不多的设立这一职位的企业，并着手构建了自己的数字业务，包括建立网站，布局移动终端与社交媒体，推出顾客忠诚计划，开展电子商务，构建星巴克数字网络，引进数字技术与娱乐技术，等等。那么，星巴克是如何将目前流行的大数据与 AI 引入零售的呢？

在店铺选址方面，星巴克使用了一个名为 Atlas 的内部绘图与商务智能平台，收集了大量数据，并对数据进行对比分析，了解周围的车流量、人流量，明确消费群体的分布情况，获取安全、商业构成等多方面的信息，从而优化店铺选址，降低店铺选址成本。

星巴克早在 2015 年就尝试使用大数据对顾客行为进行预测，提高用户的参与度。2017 年下半年，星巴克对"数字飞轮"系统的功能做了进一步优化，利用人工智能向顾客推荐他们喜爱的咖啡与食物。

这套系统通过一些复杂算法与会员账户建立连接，对会员历史购物信息、购物日期、购物当天的天气情况等因素进行全面分析，从而有针对性地向顾客推荐商品和服务。2017 年年初，星巴克推出了一款名为"My Starbucks Barista"的移动应用，内置 AI 虚拟助理，顾客可以通过语言或短信下单预订餐食。

当然，在这么多年的发展过程中，星巴克在围绕用户需求创新服务与应用方面也出现过很多失误。比如，2013 年 10 月，星巴克以 6.2 亿美元的巨资收购茶饮品牌 Teavana，并宣布将在 5 ~ 10 年内开设至少 1000 家茶吧。2017 年 7 月，星巴克宣布关闭旗下全部 379 家 Teavana 茶店，这意味着星巴克进军茶饮业的计划以失败告终。

现在，星巴克将中国视为最重要的海外市场。在上海举行的星巴克咖啡公司 2018 全球投资者交流会上，星巴克宣布了一项跨越 5 个财年、专门针对中国内地市场的增长计划，计划每年在中国内地新增 600 家门店，于 2021 年将中国内地的星巴克门店发展到 5000 家。另外，在 2017 年 7 月，美国星巴克咖啡公司宣布以约 13 亿美元的价格收购上海统一星巴克咖啡有限公司剩余 50% 的股份，交易完成后，星巴克掌握了江苏、上海、浙江共约 1300 家门店的所有权。"统一"退出之后，星巴克成为中国内地所有星巴克门店的实际掌权者，这表明星巴克下定决心要在中国内地市场大显身手。

随着消费不断升级，星巴克的新型体验式门店拥有极大的发展潜力。对于星巴克来说，正在开展零售变革的中国市场将成为其探索新零售的重要试验场。

联姻阿里：全方位新零售体验

2018 年 8 月 2 日，星巴克与阿里巴巴在上海签署了合作协议，宣布将全方位开展深度战略合作，"合力为中国消费者打造随时、随地、随心的一体化新零售体验"。之所以称全方位合作，是因为二者的合作覆盖了智慧网点、会员整合、咖啡制作、咖啡配送等多个方面的内容，涉及了阿里巴巴旗下淘宝、盒马鲜生、天猫、饿了么等多个部门。

以饿了么发达的配送体系为依托，星巴克将在北京、上海等城市重点商圈的 150 家门店推出外送业务，并逐渐向全国其他城市的门店延伸。预计将有 30 个城市的 2000 家星巴克门店上线外卖业务，8 分钟制作、22 分钟配送，保证消费者下单半小时就能喝到星巴克咖啡。同时，盒马鲜生也将设立星巴克"外送星厨"，以盒马鲜生的新零售配送体系为依托，共同打造首家进驻盒马鲜生的品牌外送厨房。

在阿里巴巴和星巴克正式签署战略合作协议的 48 天后，所有的合作项目开始步入正轨。饿了么与星巴克的外送服务进入试运营阶段。2018 年 9 月 19 日，北京、上海的部分星巴克门店正式推出外送服务，试运营结束后，星巴克还将按计划将外卖服务推向其他 2000 家星巴克门店，并让二者的会员体系实现对接。

虽然从表面上看起来咖啡外卖比较容易实现，但事实上，咖啡外卖的实现需要一个复杂系统的支持，该系统要建立在大数据、技术、即时配送、全渠道营销的基础上。从目前的情况看，这是星巴克与饿了么首次对接业务；从长远来看，这是双方共建餐饮外卖新零售的一次关键尝试。

（1）配送速度

在星巴克上线外卖业务的北京、上海，消费者无须前往星巴克门店，即可在任何一个场合通过饿了么 App 下单，30 分钟内就能享用到热腾腾的咖啡。

为了保证 30 分钟送达，饿了么专门为星巴克组建了一个配送团队——"专星送"，在正式推出这项服务之前，星巴克组建了一个 20 人的测试小组，开展了为期 3 个月的封闭测试。仅"热美式咖啡"一款产品，在测试中就消耗了 1 万杯，测试时间超过了 2000 小时。

同时，饿了么还自主研发了市面上第一款 TPU 材质的外卖配送冰包，这款冰包使用了冰膜 + 冰板冷媒组合。在测试过程中，在正常室温下，放置了冰包的配送箱内的温度维持在 5℃以内，时间长达 6 个小时。

随着饿了么旗下的蜂鸟配送不断发展，阿里巴巴新零售的"最后一块短板"逐渐补齐。目前，蜂鸟配送承载了大润发、顺客隆、三江、欧尚、新华都等近千家商超门店的配送服务，配送的商品多种多样，包括食物、饮品、家居用品、日用百货等。据统计，连续两个季度，蜂鸟配送都带动了饿了么的零售份额，增幅超过 50%。

星巴克与蜂鸟配送对接之后，蜂鸟精准、高效的配送服务会在一定程度上拉动星巴克的订单增长，优化消费者在星巴克的购物体验。对于蜂鸟来说，承担了对配送要求极高的星巴克的配送业务之后，更容易获得高端商家的认可，与高端商家建立合作关系。

（2）服务半径

星巴克加快了在中国市场上的发展速度，宣布到 2020 年要实现每 15 个小时开一家新店，以期成为中国市场上发展速度最快的外来食品连锁企业。若这一计划能够实现，星巴克在中国内地市场的店铺数量将达到 6000 家。与阿里巴巴的战略合作，尤其是和饿了么外卖业务的对接，将为星巴克开拓一条全新的发展路径。

一方面，用户下单渠道更加多元化，不再局限于实体门店下单，淘宝、天猫、支付宝、盒马鲜生、饿了么、支付宝口碑、星巴克自建 App 都可以下单。星巴克新零售智慧门店将与星巴克星享俱乐部会员系统对接，全面打通会员体系，让消费者享受到定制服务。

另一方面，在蜂鸟配送的助力下，星巴克的服务半径将从门店拓展到蜂鸟可配送的范围内，凡是蜂鸟配送员能送达的地方都蕴藏着商机，星巴克的业务量将借此再创新高。

（3）场景体验

蜂鸟配送不仅给超市、便利店、餐厅、药房等新零售业态带来了较大的订单量，也对传统商场、超市的顾客动线 ① 提出了新要求。可以设想一下，如果超市开通外卖配送业务，快递配送人员到超市之后要自行从货架上拿取商品，会造成极大的时间浪费。同样，如果星巴克推出外卖业务之后，配送人员进店取餐需要等待很长时间，必然会造成极大的浪费，久而久之配送人员的工作热情就会消退。

星巴克与饿了么的合作被业内视为对新零售模式的一次探索，借助这次合作，"中国将成为星巴克全球第一家实现体验全空间贯通的市场"。根据时任星巴克中国首席执行官王静瑛的阐述，在这次探索中，星巴克将破除所有限制条件构建第四空间，实现生活空间、工作学习空间、线下零售门店、线上零售平台的全面贯通，让消费者可以随时随地全方位体验新零售生活。

（4）零售生态

经过十几年的发展，阿里巴巴构建了以天猫、淘宝为中心的电商平台，以蚂蚁金服为中心的金融平台，目前，正在围绕饿了么打造生活服务平台。可以设想一个这样的场景，用户在一个平台（淘宝平台）买衣服、买门票、订餐、订咖啡等，甚至会员体系都可以相互流动，从而带给顾客更优质的消费体验。目前，这种全方位的新零售生态只有阿里可以提供。

---

① 人在场景中的移动点连接的集合。

第 2 章

模式实战
重构实体零售经营法则

理念层面：实体零售经营新思维

顾客：从产品为王到顾客为王

盒马鲜生、厨鲜生、银泰工厂店、苏州诚品、百盛优客等玩家从不同角度演绎的全渠道、会员店、O2O等各种新零售业态固然让人眼前一亮，但放大到整个零售领域来看，超市、百货、购物中心等传统零售业态的转型升级更值得我们高度关注。这些传统零售业态在我国零售业中占据极高的比重，其能否完成转型升级将对我国零售业的发展带来深远影响。

近几年，实体零售企业发展陷入困境的报道层出不穷，在寸土寸金的北京长安街沿线，经营方式几十年不变的友谊商店，即便拥有绝佳的区位优势，但不能主动创新，导致客流稀疏，营业员坐等退休，最终走上了重建的命运。零售业是人们本地化生活的重要组成部分，服务于广大民众，如果不能根据消费需求与市场环境创新变革，最终只能走向灭亡。

市场环境、社会环境、消费环境不断变革催生了新零售理念，为了适应新零售环境，零售企业要在理念层面进行深度变革。近年来，零售企业愈发认识到顾客的价值和重要性，虽然很多零售企业都宣称要"以顾客为中心"，事实上，其经营理念、服务理念仍在以自我为中心，以商品为中心，主要表现在以下几个方面。

（1）以商品为中心的经营理念

以商品为中心的经营观念具体表现在以下几方面（见图2-1）。

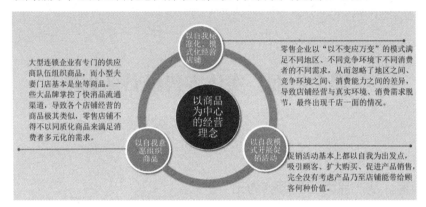

图2-1　以商品为中心的经营理念

以自我标准化、模式化经营店铺。现阶段，连锁零售企业的开店模式非常标准，近似于复制粘贴。正因如此，零售企业可以"以不变应万变"，用一种模式满足不同地区、不同竞争环境下不同消费者的不同需求，从而忽略了地区之间、竞争环境之间、消费能力之间的差异，导致店铺经营与真实的经营环境、消费需求脱节，甚至导致店铺经营以自我为中心，忽略了顾客需求，最终出现千店一面的情况。这种店铺运营方式适用于市场竞争一般的情况，如果市场竞争异常激烈，这种模式就会表现出极大的不适应性。

以自我意愿组织商品。大型连锁企业有专门的供应商队伍配送商品，小型夫妻门店基本是坐等商品。再加上，一些大品牌掌控了快消品流通渠道，导致各个店铺经营的商品极其相似，零售店铺不得不以同样的商品来满足消费者多元化的需求。

以自我模式开展促销活动。经过多年的零售实践，超市、商场、购物中心等零售业态已基本形成固定的促销方式，这些零售业态的促销活动基本上都以自我为出发点，吸引顾客扩大购买，促进产品销售，完全没有考虑产品乃至店铺能带给顾客何种价值。

（2）以顾客为中心的经营理念

在新零售环境下，零售店铺的这些经营理念必须改变，必须从以商品为中心、以自我为中心转变为以顾客为中心。"以顾客为中心"的关键是，要将自身对顾客的价值体现出来，这样才能与顾客建立良好的关系。在现今的消费环境下，零售企业要在经营过程中体现以下价值（见图 2-2）。

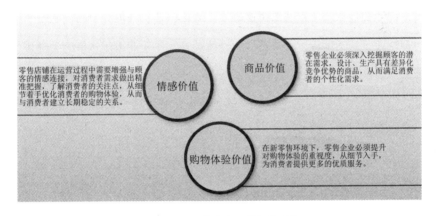

图 2-2 以顾客为中心的经营理念

第一，情感价值。在竞争愈发激烈的零售市场上，零售企业必须在运营过程中增强与顾客的情感连接，体现情感价值。零售企业只有在获取消费者信任之后才能与消费者建立长期稳定的关系。要增强零售企业的情感价值，必须对消费者的消费需求做出精准把握，了解消费者的关注点，从细节着手优化消费者的购物体验。当然，零售企业所有经营活动都要以消费者为核心，这是基本原则，三只松鼠、胖东来等店都很好地做到了这一点，增强了企业的情感价值，成功地获取了消费者的信任。

未来，面对竞争愈发激烈的零售市场，零售企业要提升自己的竞争力，提升销售业绩，实现健康发展，必须增强与消费者的交流，获取消费者的充分信任。

第二，商品价值。从消费者的角度来看，零售店铺就是一个商品购买场所，所以商品有无价值、价值高低非常重要。零售的核心就是把握消费者需求，为消费者提供能满足其需求的商品，甚至超乎其需求的商品，打破商品同质化格局，通过引进差异化的商品塑造自己的竞争优势。为此，零售企业必须深入挖掘顾客的潜在需求，设计、生产具有差异化竞争优势的商品。

第三，购物体验价值。零售企业要想与顾客建立良好的关系，必须让顾客获得良好的购物体验。在新零售环境下，零售企业必须提升对购物体验的重视度。现阶段，从某种程度上来看，购物体验是零售企业市场竞争的关键点。更注重细节、能为消费者提供更多优质服务的企业，更容易在市场竞争中获胜。比如，三只松鼠为顾客送上开果工具、湿巾，通过这些细微小事获得顾客信任，与顾客建立了良好的关系。

需求：注重商品的个性与品质

随着消费不断升级，消费者需求愈发个性化。面对竞争日渐激烈的零售环境，零售企业要想解决现存的各种问题，必须开展差异化经营，打破各零售业态格式化、标准化的经营模式，增强对消费者的吸引力，满足消费者差异化、个性化的消费需求。同时，零售企业必须通过个性化变革，改变消费者对各种零售业态及零售企业品牌的固有印象。

传统零售企业想要转型新零售，需要充分认识到新零售的本质，了解其和传统零售相比，究竟新在何处。商品始终是零售的核心构成要素，无论零售形态怎样变化，都不能脱离商品，零售企业核心竞争力的构建，必须要有商品力提供有力支持。消费需求始终处于动态变化之中，广大消费者追求的热点也在不断变化。

即便是对于日常生活必需品，人们的需求也发生了较大改变。比如，此前受到很多人青睐的果冻、碳酸饮料、反季节蔬菜、膨化食品等失去了往日的地位，果汁、酸奶、有机蔬菜、绿色食品等产品成为新宠。消费者不再简单地强调商品性价比，更加注重商品的个性、品质、服务体验；能够给予人们物质与精神双重享受的手工艺品、科技产品、文创产品等成为热销品。

销售商品仅是零售企业的基本，想要赢得消费者的认可与信任，还要拼服务，迎合人们的个性与品位，但服务、个性及品位需建立在不断进行商品创新的基础之上。新零售的"新"，首先就体现在组织新商品方面，用层出不穷的新商品，满足人们个性化、多元化的消费需求，适应甚至引领消费潮流，服务于广大民众的本地化生活（见图 2-3）。

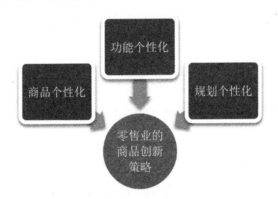

图 2-3 零售企业的商品创新策略

（1）商品个性化

零售企业要做好品类变革，百货商店要打破服装、美妆为主的品类格局，超市、卖场要打破生鲜、杂货、食品为主的品类格局。现如今，商品极大丰富，各零售企业在打破品类限制方面大有可为。只有打破现有的同质化的品类格局，才能改变消费者对零售店铺的固有印象。为此，零售企业必须打造差异化、个性化的商品品类，创建个性化特征鲜明的商品组织，以形成企业独有的特色、优势。若不如此，各零售企业就只能在一个层面重复竞争，最终都以失败告终。

（2）功能个性化

就目前的形势而言，单一的商品功能无法满足消费者多元化的需求，零售店必须增加商品功能，让商品功能个性化，以满足顾客多元化、个性化的需求，打造自身独有的竞争优势，提升自身竞争力及顾客满意度。

（3）规划个性化

打破传统观念，创新店面规划方法。比如，大型商业卖场要改变过去那种强制性的规划方法，按照尊重顾客、人性化的原则进行门店布局和动线设计，与当下的消费观念相契合，展现卖场的人文关怀与尊重，让顾客时时刻刻产生受关怀、受尊重、被信任的感觉，将一切强制性的设计因素与非理性的经营手段消除殆尽。

机制：建立市场快速响应机制

为实现门店的个性化发展，企业必须创建扁平化的组织结构，压缩管理层级，将经营管理权限下放，让门店店长可以在最大限度上开展自主经营，比如调整门店布局、商品品类、品牌、供应商，进行顾客管理，等等。

同时，企业要创建一种机制，鼓励店长创新经营管理。现如今，总部严格管控各个分门店的经营模式已不适用，连锁企业必须以门店的灵活经营为基础，创建一种科学的管理体制。另外，在权力下放的同时，总部也要做好指导工作，对门店运营进行跟踪辅导，对运营情况进行严格考核，形成经营合力，为门店创新平添助力，提升门店经营的灵活性。

连锁经营的企业在形成一定的规模之后，必须做好内部管控，预防、控制采购环节腐败现象的发生，但这也造成了效率低、反应慢等问题，表现出了与当前市场需求极大的不适应性，对零售企业的发展、变革产生了严重制约，主要表现为：①无法快速响应市场消费环境的变化；②新产品引进速度慢；③无法快速响应各门店的需求；④官僚作风严重。

在新零售环境下，企业必须创建快速响应机制，尤其是连锁企业，必须改变过去流程化的工作模式，提升总部对各个门店的响应速度，使企业的整体经营效率得以有效提升。

（1）建立面向各个门店消费变化的快速响应机制

现阶段，大型连锁零售企业在运营的过程中往往忽略了各下属门店。连锁企业的经营者必须明确一点：企业要想实现健康发展，必须保证所有下属门店实现良性运行。为此，企业必须创建快速响应机制来对各个门店的消费变化做出快速反应，设置专属部门从总部到门店对消费变化进行跟踪、分析、研究，以各个门店的市场变化为依据及时采取措施予以调整，以防严重背离现象的发生。

（2）建立面向不同门店商品变化的快速响应机制

随着消费环境不断改变，商品市场也发生了明显变化，过去最畅销的产品品类、知名度较高的品牌对消费者的影响力不断下降，并且在不同的区域和商圈，商品也表现出了明显的不同。再加上市场竞争愈发激烈，企业必须根据不同门店的竞争情况及时调整商品品类，提升门店活力。为此，企业必须创建一种快速响应机制来应对不同门店的商品市场变化，包括引进新商品，对商品品类进行科学调整，对商品进行优化，提升门店在商品经营领域的灵活性。

（3）建立面向企业各环节高效响应的快速响应机制

在专业化分工的影响下，企业必须创建面向企业经营各环节的快速响应机制，这些环节包括商品采购、商品管理、数据管理等，以提升企业运营效率及执行力。

环境：构建极致的场景化体验

在新事物层出不穷的移动互联网时代，各行业的新业态不断涌现，零售业对发展新业态同样有较高的期待。商超百货、购物中心在提供各种商品的基础上，全面拓展文化、社交、娱乐、餐饮等多种业态，希望能够引入更多流量，获得更多利润增长点，应对电商带来的强烈冲击。

和几年前相比，综合购物中心在吸引顾客方面的表现颇为抢眼，与之相对的是，业务较为单一的百货商场客流量不断下滑，导致这种结果出现的原因在于综合购物中心引入了娱乐、餐饮、文化、社交等新业态，有效提高了客流量，延长了顾客停留时间，充分享受了发展新业态带来的红利。

发展新业态不但要引进新业态，还要对现有业态进行改造升级。以购物中心为例，在引进新业态方面，购物中心在保持现有餐饮、娱乐、影院等业态的同时，还可以引进宠物乐园、月子中心、健身中心等新业态。在对现有业态进行改造升级方面，购物中心必须推行差异化竞争战略，比如餐饮小吃化、零食化转型等，以免被竞争对手拖入价格战泥潭，从而成功地从激烈的同质化竞争中脱颖而出。

环境对零售的影响尤为严重，环境是场景体验的重要组成部分。目前，人们的购物消费消费的不仅是商品，还包括服务和体验，而后者与环境存在密切关联。很多实体店业绩不佳的原因并非是商品质量不佳，而是因为对购物环境不够重视，不能带给消费者良好的购物体验。比如，北京长安街沿线的友谊商店的经营环境几十年如一日，商场的白炽灯灯管坏了三分之一，售货员仍在使用 20 世纪的电镀折叠椅，无法带给消费者更好的购物体验，客流量自然不断下降。

具体来看，零售企业打造新环境需要从以下三个层面着手。

（1）装修改造

装修改造是改造环境的主要途径，无论线下实体店，还是线上网店，在开业前都会进行装修改造。在经营过程中，很多零售企业也会不定期地进行装修改造，以便给顾客带来更好的购物体验，沃尔玛、国美、苏宁等都对线下门店进行了改造升级，虽然耗费了巨额成本（国美甚至因此出现亏损），但在吸引顾客方面却表现出了极高的价值。

（2）陈列创新

陈列创新涵盖的内容非常丰富，不仅包括商品品类搭配、品种组合方面的创新，还包括货架、柜台等配套设施的更新迭代，让消费者持续获得新鲜感，吸引消费者重复进店消费，从而增强消费者对店铺的黏性。

（3）氛围营造

影响氛围的因素很多，营造氛围的方法自然也很多。在视觉层面，零售店铺可以在门前摆放鲜花、绿植等；在听觉层面，零售门店可以播放让人心情舒缓、愉悦的背景音乐；在嗅觉层面上，零售门店可以使用各种香水，从不同感官层面营造购物氛围，带给顾客全新的体验。

忽视新环境的打造，会使顾客因感官疲劳拒绝前往门店购物消费，但如果过度重视新环境的打造，投入过多资金，则会增加企业的运营压力，影响门店的正常运营。所以，在打造新环境方面，零售企业需要结合实际情况，量力而行。实践证明，环境打造并非投入越高效果越好，销售普通商品的门店和金碧辉煌的奢侈品店对标，绝非明智之举。环境会提高顾客对产品的心理期待，如果打造一个奢侈品的环境来经营普通商品，会使顾客产生强烈的心理反差，对商品留下负面印象。

体验层面：以消费者需求为中心

电商平台渠道的消费体验优势

从全世界范围看，87%的零售额掌握在实体零售企业手中，近年来，不少实力雄厚的电商企业也开始在线下渠道布局。

比如，亚马逊开设 Amazon Bookstore 线下书店和 Amazon Go 无人便利店，利用电商积累的海量数据资源及用户信息系统，借助先进的技术手段，为线下顾客提供更多便利，提升他们整体的购物体验。

阿里巴巴与国内实力雄厚的零售商百联集团达成合作，在生鲜零售领域推出盒马鲜生、易果生鲜，利用自动化包装技术，增强门店的订单处理能力，让消费者享受线上下单、线下取货服务。此外，京东也在线下零售领域积极布局，进行市场开拓。

由此可见，在年轻一代（"90后""00后"）逐渐成为社会主流消费群体时，越来越多的电商企业开始尝试将线上运营经验运用到实体经营中，借此提高对目标消费群体的吸引力。在此情况下，传统实体零售企业面临了愈发严峻的挑战。

立足于消费者的角度来看，在社会经济迅速发展的今天，人们的收入水平逐渐提高，消费意愿及消费能力随之上升，消费需求日渐丰富、消费习惯快速更迭，实体零售难以跟上时代发展步伐，具体表现为：受蓬勃发展的电商行业及技术创新的影响，人们的消费行为呈现出许多新的特点。随着电商形态和销售渠道的增多，消费者能够通过多种途径对商品价值进行科学判断，在综合对比分析的基础上做出消费决策，转变传统零售模式下的被动地位，主动利用手机进行商品搜索与比价，选购自己需要的商品。

在新技术的驱动下，渠道的拓展为消费者提供了更多便利。随着电商行业的迅速发展，消费者能够及时获取所需信息。随着平台化运营越来越普遍，消费者可以通过电商平台搜索产品各个方面的信息，从不同角度对产品进行描述，做出最适合自己的购物决策。商家通过在电商平台发布符合消费者需求及期待的信息，可以使消费者产生共鸣，刺激其消费需求。

具体来看，电商平台的体验优势主要表现在以下六个方面（见图2-4）。

图 2-4　电商平台的体验优势

（1）便捷渠道

电商是依托网络平台发展起来的。在电商平台，消费者能够通过移动终端设备进行信息搜寻，消费行为不再受时空限制，信息获取效率越来越高；可以利用碎片化时间挑选商品，满足自身的消费需求。

（2）价格透明

实体零售店所处地区不同，商品的零售价格就可能存在区别。相比之下，电商产品的售价是公开的。用户能够通过网络渠道搜索产品信息，其中就包括产品的价格信息，并从众多同类产品中找到最接近自己心理价位的产品。

（3）产品品质

很多用户习惯在消费后对产品及商家进行评价，为其他消费者的购物决策提供真实有效的参考。大多数用户在挑选商品的过程中会查看商家评分并浏览用户评价，某些情况下，商家的信用评分会对消费者的决策产生决定性的影响。另外，客户服务也会在很大程度上影响企业的品牌价值。借助网络平台，商家能够及时地为顾客提供服务，整个过程更加灵活方便。

（4）社群媒体

社群媒体能够有效促进非主流媒体与新创产品的推广，吸引更多用户参与体验。视觉社交目录网站 Pinterest、互联网家装平台 Houzz 是这类产品的典型代表。在社交媒体平台，商家既可以进行产品展示，又能发布产品购买链接，刺激目标消费者下单。另外，社交媒体平台还能聚集兴趣相同的用户，鼓励用户与其他用户及品牌沟通互动。

（5）寄送服务

快速发展的物流业能够将商品低成本、高效率地送到消费者手中，这也是很多消费者倾向于电商购物的原因。如果店家距离消费者的居住地较远，或商品本身不便携带，可以通过寄送方式送达。

（6）试用期与免费退换货

很多商家推出七天无理由退换货服务，允许消费者收到商品之后进行免费体验，根据体验结果做出最终的消费决策。通过这种方式，商家消除了消费者的后顾之忧，避免消费者因担心产品质量在下单时犹豫不决的情况出现。

实体零售渠道的消费体验优势

在互联网经济高速发展的今天，尽管实体零售面临着电商带来的巨大挑战，但在整个消费体系中，实体零售仍然占据着十分重要的地位，电商无法取代。那么，实体零售无法被替代的原因包括哪些呢？如图 2-5 所示。

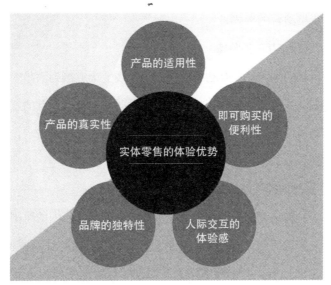

图 2-5　实体零售的体验优势

（1）产品的真实性

在网购过程中，商家评分及商品评价是消费者判断商品质量的重要依据，但即便拥有这些参考信息，依然有很多消费者对商品的真实性存在疑虑。在实体店中，消费者能够对商品的材质、外观等进行现场体验，通过视觉、嗅觉、触觉等感官对商品做出综合评价，最终做出消费决策。

（2）产品的适用性

在实体店，消费者能够进行现场体验，确认产品是否适合自己，比如衣服风格是否喜欢、鞋子是否合脚等，所以会出现消费者先在实体店体验产品，再到电商平台购买产品的情况。

（3）即刻购买的便利性

即时性因素是消费者非常看重的一点，即消费者在对某商品产生需求时，希望能够即刻下单、拿到商品。尽管电商行业在持续提高物流效率，但受地域因素的影响，消费者在下单之后仍然需要等待一段时间才能收到商品。而实体店购物则能满足消费者的这种即时性需求。因此，部分零售商推出了线上下单与线下提货相结合的模式。

（4）人际交互的体验感

消费者之间的沟通和互动需求是无法在线上渠道得到满足的。在今天，仍然会有很多女孩相约一起逛街，在选购商品时征询身边好友的意见。消费者之间的现场沟通拉近了彼此之间的距离，满足了他们的社交需求，这一点线上零售很难做到。

（5）品牌的独特性

立足于品牌角度来看，除了商品本身之外，实体店内的氛围、格局、灯光布置、导购服务等因素都会对品牌形象产生影响，能够让消费者对品牌历史、风格进行全面了解，而电商网站无法通过图片将这些要素全部向消费者展示出来。

把握消费者的购物心理与需求

实体零售及电商都应该了解消费者的心理，把握消费者的特征。那么，消费者的特征具体表现在哪些方面呢？

（1）"自我"的时代

快速发展的市场经济给消费者提供了多元化的商品选择，在消费升级背景下，消费者对商品质量、物流速度等提出了更高的要求。目前，消费者在选购商品时更加看重商品是否能满足自身需求。

在"自我"的时代，商品的个性化特征成为消费者的关注焦点，年轻一代的消费者更是如此，他们拥有自己的生活方式、穿衣风格，相较于名牌，他们更倾向于选择小众品牌与独立设计师。他们希望自己买到的商品能够体现自己对生活的态度，彰显自己的个性化特征。

全球著名的体育运动品牌 NIKE 于 2012 年推出 NIKEID（现已更名 NIKE BY YOU），通过平台化运营为消费者提供个性化定制服务。消费者能够根据自己的喜好选择不同的材质、颜色，买到专属的球鞋。该服务推出后，受到消费者及时尚圈人士的广泛关注，吸引了许多追求个性化的年轻消费者参与体验。

初期，NIKEID 创新定制服务只覆盖了部分欧美国家，主打一款运动鞋。而今，这项服务已覆盖了全球 60 多个国家，在推出球鞋定制服务的同时还推出了服饰定制服务。在收益方面，NIKEID 的收益已经超出 NIKE 的整体收益，呈现出持续增长趋势。由此可见，消费者自我意识的不断提升在很大程度上促进了个性化定制服务的发展。

（2）体验大于产品

世邦魏理仕发布的《中国"千禧一代"消费报告》显示：新一代消费群体在娱乐方面的消费占总体收入的 1/3，具体活动形式包括看电影、在线视频、听演唱会、玩游戏等。随着生活节奏及工作节奏不断加快，年轻一代消费者对娱乐活动的需求不断提高。在体验方面，除了产品体验界面操作简便之外，还要求实体店外部设计融入消费者的生活场景、店内布置引起消费者的情感共鸣等。

冰箱制造厂商 Yeti Cooler 在美国得克萨斯州建立的旗舰店，在推出该品牌的冰箱、便携式冰箱产品的同时，还创新地在店内布置了餐厅、酒吧，并推出专属的形象大使，为进店顾客打造了一个良好的购物场景。

在得克萨斯州的 Yeti Cooler 旗舰店里，商品陈列仅是该店功能的一部分，作为以烧烤大会著称的城市，得克萨斯州的 Yeti Cooler 旗舰店还会组织烧烤活动，把 Yeti 的制冷产品应用到活动中，实现与场景的无缝对接。在举办烧烤活动期间，消费者可以与朋友一边享受美食，一边共饮冰镇啤酒，在满足社交需求的同时，实地体验 Yeti 产品的制冷效果。

在这样的场景中，消费者能够沉浸其中，在购物过程中深入了解 Yeti 文化，进而认可该品牌。Yeti 通过打造沉浸式的体验场景，在给消费者提供商品的同时，也能满足其娱乐需求。

（3）社交控 FOMO① 的线上线下存在感

在互联网及移动互联网时代，社交平台的兴起为人们之间的沟通互动提供了便利，很多用户会在 QQ、微信等社交平台发布自己的日常动态，吸引其他用户参与评论或点赞。不少平台推出了语音功能，用户可使用这个功能与亲朋好友通话、聊天。尽管这种社交方式提高了用户之间的沟通效率，但因为双方之间隔着屏幕，沟通形式仅局限于线上，无法满足实地的社交需求。在此情况下，用户对面对面沟通的需求逐渐提高。

Meetup 在线社交网站旨在发挥网络平台的优势，倡导人们在线下面对面地互动交流。在该平台，用户输入自己所在地区的邮政编码及感兴趣的话题，就能参与网站安排的线下见面活动。很多零售商通过提供活动赞助进行品牌推广，吸引用户参与线下体验。

（4）少即是多

目前，市场上可供消费者选择的商品越来越丰富，消费者购买商品的渠道也越来越多。环境的变化逐渐改变了人们的消费心态与价值观念。对于使用频率较高的商品，越来越多的消费者倾向于选择价格较高但寿命更长的产品。在"断舍离"观念的影响下，很多人参与到闲置物品出清、物物置换等活动中。在理念层面，消费者更加关注商品本身是否符合自身需求，减少了盲目消费。

---

① Fear of missing out，意指错失恐惧症。

2014 年在柏林投入运营的 Original Unverpackt 无塑料袋超市，开创了无包装销售机制。其创办人意识到，由于超市中的食品都进行了包装加工，即便食品数量超出自身需求，消费者也没有其他选择，这种情况加剧了世界范围内的食品浪费问题。为了解决这个问题，无包装超市应运而生。在 Original Unverpackt 超市，消费者可以根据自身需求选择相应数量的食品，避免食品浪费。这种销售机制推出后，得到众多消费者、食品超市的认可与支持，被欧洲、亚洲和北美等多个地区的超市引进。

为消费者提供个性化服务体验

近年来，传统零售商与从线上转移到线下的商家，都认识到了消费者行为与价值的转变。互联网产品开始围绕用户开展运营，而用户的消费需求也呈现出许多新特点。在此情况下，在线下布局的电商企业及寻求转型的传统零售企业，都应该采取有效措施吸引消费者的目光，不断满足消费者的需求。

在传统零售模式下，零售企业关注的是产品本身的属性，以及产品能够输出的价值。目前，包括小型零售企业及大型零售商场在内的零售业态都应该改变思想，将关注点放在消费者需求，以及如何通过自身产品来满足消费者需求上。为了做到这一点，商家应该将产品信息准确无误地传达给消费者，让消费者感受到线下服务的价值及优势。

近几年，许多商家都尝试开展个性化营销，利用机器学习与大数据技术对目标消费者的需求与兴趣进行准确把握。在物联网高速发展的今天，商家可通过分析商品之间的联系为人们提供相应的需求。比如，购买洗衣机的用户对洗衣液也存在需求。为了应对市场需求的变化，商家应注重对消费者行为及心理的研究与分析。

除了在网络平台推出 NIKEID 之外，NIKE 还在其他方面为消费者提供个性化定制服务。经由网络平台推出的 NIKEID 存在如下短板：尽管用户能够在平台上对不同的颜色进行选择与搭配，但无法感受产品的材质，也不能直观地看到不同颜色的搭配效果。针对这个问题，实体店中的 NIKEID 引进 AR 技术，让进店体验的消费者根据自己的喜好自由搭配颜色，直观感受最终呈现出的搭配效果。

塞尔福里奇[①]百货商场在长期发展过程中，不断开创新的模式来提高自身对消费者的吸引力。该商场于 2014 年联手 The future laboratory 共同打造新型香水体验店，给消费者带来全新的购物体验。

具体来看，该体验店通过收集消费者的生活习惯、行为习惯、个人兴趣、气味偏好等信息，打造专属于消费者的个性化香水产品。在信息收集的过程中，消费者需要与智能机器互动。经过多轮测试，传统的通过简单的屏幕操作购买个性化商品的方式被打破。与此同时，该体验店通过空间布置、灯光设计、店内装置等方式带给顾客更优质的消费体验。

在新零售时代，消费者对购物的便捷性提出了更高的要求，无人零售模式应运而生。近年来，零售行业面临劳动力成本上涨、老龄化现象日益加剧等问题，无人零售为其提供了有效的解决方案。运用射频识别技术，无人零售店能够对商品信息进行精准识别，为消费者购物决策提供有效参考，免去消费者排队结账的时间，让购物活动更加简便快捷。

罗森便利店引进了松下集团开发的机器人收银系统，该系统能够完成智能结算、商品装袋等任务，代替了传统的人工操作。亚马逊推出的 Amazon Go 也是无人零售模式的典型代表。无人零售模式同样应用到了射频识别技术，通过机器深度学习技术、智能传感技术、计算机视觉技术等的使用为消费者提供全方位的购物服务，提升消费者的消费体验。

---

① 塞尔福里奇 (Selfridges) 是伦敦最著名的百货公司之一。其百货公司始创于 1909 年，距今已有 100 多年的历史。

到达 Amazon Go 无人零售店后，消费者可通过手机 App 扫码进店，在店内选购货架上陈列的各类商品，店内的感应设备自动识别消费者从货架上拿下的商品，将其记录到账单中，如果消费者将商品放回货架，该商品则不会被记录到最终的账单里。选购结束后，手机上会显示出账单信息，消费者结账后就能离开。

拉近品牌与消费者之间的距离

过去，实体零售店中的产品展示缺乏主动性，消费者的参与度较低。在今后的发展中，实体零售将转变之前的被动方式，更加积极地吸引消费者参与交互体验，提高消费者的参与度，增加消费者对品牌、产品的了解，使门店运营更加符合消费者的需求。

另外，实体零售门店将为消费者提供更多自由，拓宽门店的服务范围，融入更多的娱乐化元素，通过提高消费者的参与度，将他们转化成品牌和产品的忠实粉丝，降低顾客流失率。

在注重视觉设计的同时，实体零售店还应该强化消费者对品牌文化的理解，让消费者真实地感受产品的使用过程及效果。在提供优质产品的同时，零售店还应从听觉、触觉、嗅觉、味觉等诸多方面带给消费者全新的体验。不仅如此，零售店还要做好整体风格设计，改变商品的陈列方式，给消费者留下更好的印象。

LittleBits ① 主营用来自由发挥创意的电子电路模块，该品牌在开设线下体验店后，营业额大幅增加。该公司创建的目的在于向消费者提供类似乐高玩具的电子元件产品，降低人们对科技的理解难度，让人们能够做出自己设计

---

① LittleBits 是纽约市一家销售模块化电子元件的公司，这些模块化电子元件可以通过细小的磁铁连接在一起，用于建模、学习和娱乐。

的、具有实际应用功能的电子作品。在与商品互动的过程中，消费者可以根据自己的喜好选择特定的主题，对具有不同功能的电子电路模块进行组装，并将作品发布到网络平台。与传统的实体零售店不同的是，LittleBits 如同线下的科学实验室，改变了人们与科技的互动方式，所有参与者都能在体验店中独立设计自己的科技产品。

随着互联网不断普及，除了商品本身的实用性之外，其他因素也会对消费者的决策产生影响。比如社交媒体平台上的商品评价、点赞数量、好友的意见等。在此情况下，线上行为明显作用于人们的行为习惯及消费选择。在线上行为的影响下，消费者可以结合自身需求做出最终决策。

时装零售品牌 C&A 巴西运营商在 Facebook 上以帖子的形式进行产品展示，该品牌的实体零售店会在每件商品的衣架上标注其社交平台的点赞数量。当消费者面对多件商品无法做出取舍时，就可以参考这些商品的点赞数量，选择广受好评的流行商品，或者更符合自身喜好的小众商品。

在新零售时代，线上零售与线下零售之间的界限愈发模糊，互联网消费与实体店消费为人们提供了更多选择，时空界限被打破，消费变得更加便捷、高效。与此同时，除了产品本身之外，消费者也开始关注其他因素。在此背景下，商家应着力突显自身产品的差异化优势，更加注重品牌打造，主动出击抢占消费者的心智。

在零售业创新方面，借助先进技术手段提升消费者的购物体验是零售业普遍采用的方法，具体包括使用智能平板、液晶显示器、虚拟现实、增强现实、人工智能、交互机器人技术等。技术的应用丰富了人们的购物途径，提升了顾客的消费体验。未来，将有更多先进科技应用到线下实体店中，为人们创造更多价值。

除了在实体零售中融入更多数字化互动体验之外，科技应用的价值还体现在其他方面，比如对实体零售的价值观念进行改革，注重分析消费者与产品之间的互动场景，挖掘实体零售的独特优势及其与线上零售的对比优势，为消费者呈现出他们期待中的体验效果及消费场景，让实体零售在消费者心中变得不可替代。

只要人们存在消费需求，电商就不能完全取代实体零售。相反，实体零售会在发展过程中不断创新，为消费者提供更加全面、周到、便捷的服务，以更加人性化的服务不断满足消费者的个性化消费需求。

运营层面：新零售运营实战攻略

技术：赋能传统零售经营模式

新零售模式崛起后，线下零售迎来转型升级期，无论电商企业，还是传统实体零售企业都在布局线下。对于积极转型新零售的实体零售企业而言，自建或与第三方技术平台合作开发出基于新技术的后端零售系统显得尤为关键。

传统零售活动围绕商品开展，商品的进销存管理尤为关键，商家在商品订货、生产、仓储、销售等环节投入了大量资源与精力，忽略了对前端顾客的经营。而以人为本的新零售，则是围绕用户开展运营管理，所以，实体零售转型新零售的过程中，技术系统的选择要以用户为本，尽可能地为用户创造更多价值。

技术是支撑新零售发展的重要基础，没有新技术，新零售的便捷、高效、低成本乃至良好用户体验根本无法落地。零售业的新技术可以从两个方面理解。

一是提高服务质量与购物体验的相关技术。线上下单、移动支付、电子价签、AR/VR 购买、室内导航、智能停车等，这些技术有助于提高零售服务质量，给消费者带来极致的购物体验。

二是使零售企业强化供应链管理能力，实现提质增效等方面的相关技术，比如线上线下一体化运营、移动办公、供应链协同管理等。

新技术、设备、管理模式在零售领域的深入应用，使零售业逐渐从劳动密集型行业转变为技术密集型行业，无论国美、苏宁等实体零售企业的新零售转型，还是盒马鲜生、顺丰优选等零售业态创新，都离不开大数据、云计算、物联网、人工智能等新技术的支持。

零售企业在激烈的同质竞争与价格战环境下，生存环境愈发艰难，超市、百货商店关店问题尤为突出。这种情况的出现和零售企业对市场需求的盲目乐观存在直接关联，因为零售企业高估市场需求，导致产能过剩，供给远远超过了需求。当然，模式陈旧在其中也扮演了十分关键的角色，超市、百货等零售企业普遍采用联营模式。虽然联营模式并不落后，但零售企业采用的联营模式脱离了正常轨迹，通过收取加盟费、各种服务费获取利润回报，忽略了顾客、商品、市场、加盟商。

在激烈变革的移动互联网时代，这种不为顾客及合作伙伴创造价值的零售企业很难长期生存下去，即便很多零售企业主动适应消费需求及市场环境变化，都有时刻被后来者取代的风险。为规避风险，零售企业可采取以下两大措施。

一是对现有模式进行改造升级，回归商业本质，深入了解顾客、商品、市场、加盟商甚至竞争对手，主动承担更多的经营责任，降低加盟商的运营风险，通过多方合作，真正为顾客创造价值。

二是探索自有品牌、定制包销、联合采购、直采自营等新模式。现阶段，部分零售企业的创新求变催生了工厂店、买手制、跨境采、大联采等多种新模式。

安徽乐城超市发展自营模式，在全球范围内采购丰富多元的优质商品。武汉中百全球商品直销中心在运营模式方面结合了美国好市多（Costco）的"会员制仓储式"模式与德国阿尔迪（Aldi）的"廉价折扣式"模式。

上海百盛优客则在设计和品牌方面采取差异化策略，同时采用直营模式，销售额增长了300%，客流量增长了800%。这些极具创造力的探索实践，不但为其自身带来了利润回报，也为转型中的零售企业提供了新思路，值得充分学习借鉴。

如果实体零售企业想要自主开发一套完善的新零售技术系统，可能需要耗费几年的时间，期间需要投入大量资金，所以这种方案并不适合绝大部分实体零售企业，更为可行的方案是和第三方企业合作，由后者定制开发新零售技术系统，从而降低开发成本，使商家有更多的时间与精力投入服务用户方面。

目前，市场上存在很多零售技术服务商，可以为零售企业提供运营服务标准与方案支持，帮零售企业打造智能化门店，为零售企业提供全渠道推广、全链路设计、新零售咨询等服务。同时，零售技术服务商还可以基于其积累的海量数据帮零售企业强化供应链管理能力，提高供应链运行效率，为上下游合作伙伴创造更多价值。

在新零售风口面前，实体零售企业需要充分借助移动互联网、大数据等新一代信息技术，构建一个完整的新零售技术系统，实现线上线下一体化运营，充分满足消费者的全渠道购物需求，将自身的利润获取建立在为用户创造价值的基础之上。

运营：掌握产品运营管理能力

运营是一种通过对运营过程进行计划、组织、实施及控制的一系列活动的总称，和产品生产及服务创造存在密切联系。对于新零售这种新兴业态而言，运营管理无疑具有十分重要的价值，但因为长期以来零售企业对运营缺乏足够重视，运营门槛相对较低，缺乏统一标准，从业人员能力参差不齐等，导致新零售运营管理效果并不理想。

在很多企业中，产品部门和运营部门的关系相当紧张，前者认为后者不懂技术、生产，后者认为前者不懂市场和用户，当产品销量不佳时，双方会相互指责，反之则会争相揽功。

在市场竞争日趋白热化的局面下，产品人员需要懂运营，运营人员也需要懂产品，这样才能充分满足用户需求。消费者决定是否购买一款产品时，不但会考虑其材质、功能、外观，还会关注产品的情感体验，而这种情感体验需要通过长期的运营来创造。产品同质化竞争愈演愈烈，零售企业要想从产品层面与竞争对手开展差异化竞争愈发困难，在此情况下，运营的作用就得到了充分体现。

狭义上的运营指的是拉新、转化、促活、留存，广义上的运营指的是连接产品和用户，这需要运营人员对企业的产品、目标用户、企业文化和价值观有清晰的认识，比如，可口可乐的文化是创造并传播快乐，其运营工作始终围绕这一文化展开。

具有强大运营能力的零售企业，不会采用硬性推广方式让消费者产生抵触心理，而是会通过门店陈列、服务改善、管理创新等给用户带来良好的体验，和用户建立良好的信任关系，塑造良好的口碑。从诸多实践案例来看，想要做好新零售运营管理，零售企业需要具备以下四大运营能力。

（1）数据化运营能力

对数据敏感，有明确的目标是做好运营工作的重要基础。当数据出现波动时，优秀的运营人员能够从零售三大核心要素——"人、货、场"进行深入分析，充分运用数据的同时，不会局限于数据，而是能够具体到各个业务环节，分析导致数据波动的核心因素。

数据化运营，还强调对数据的追踪及对比。进行数据追踪能够让运营人员建立科学合理的数据模型，在数据模型的支持下，可以方便快捷地进行数据对比，为企业的日常经营管理活动提供有效指导和帮助。

（2）产品运营能力

产品运营能力，首先体现在产品进销存管理方面，比如，对产品的售罄率、动销率、库存周期等关键指标进行实时追踪，掌握产品销售结构，进行品类占比分析，实现科学的品类搭配。其次表现为分析用户购物订单，掌握用户的客单价水平，了解用户对热销产品及关联产品的购买意愿等。

在做好上述运营管理细节的基础上，运营人员可以建立产品销售模型，掌握各品类产品的生命周期。管理产品生命周期是产品运营的核心所在，需要运营人员了解产品、市场、竞争对手，在产品不同生命周期，采取差异化的营销策略，延长产品生命周期，提高产品营销转化效率。为此，运营人员需要长期的学习和积累，在日常工作中不断总结经验教训，逐步提高产品运营能力。

（3）构建规则能力

构建规则能力主要体现在打造产品运营体系方面，一个完善的产品运营体系建立在运营人员对核心业务深刻洞见的基础之上。无论规则还是流程，都应该有一个统领全局者。以用户体验运营流程为例，用户体验运营流程起源于用户点击某个页面链接或者进入线下门店后产生的第一印象，还涉及客服或销售人员提供的服务，消费者购买产品后的售后服务、评论反馈甚至是二次购买等。

在这种情况下，产品陈列、门店布局、客服及销售人员服务、售后服务等都是用户体验的一个环节，通过对这些环节进行优化可以创造良好的购物体验。由此可见，处于各环节的客服、销售人员或售后人员等很难起到统领全局的作用。

运营人员要有全局意识，能够从整个流程思考问题，理清从开始到结束涉及的各个环节，明确可以在各环节中采取何种手段给用户创造优良体验，最终实现预期目标。

（4）有灵性的"sense"

虽然运营人员知道灵性非常重要，但大多数运营人员认为灵性是一种天赋，只有少数人才能掌握。其实，事实并非如此，通过长期的学习和培养，普通人也能具有灵性。在培养灵性方面，运营人员需要持续提高以下几个方面的能力。

首先，运营人员要具备较强的学习和总结能力，能够在日常工作中不断积累总结，掌握足够的理论知识、实践技巧与经验。

其次，运营人员要具备理解和洞察能力，对用户、市场、行业、竞争对手等有深刻洞见，对细节变化较为敏感。

再者，运营人员要具备沟通能力和同理心，运营活动涉及业务流程的方方面面，运营人员需要和企业内各部门、各层级、各岗位的人员协调沟通，要和外部媒体、供应商、物流服务商等合作伙伴及用户甚至是竞争对手沟通。依托同理心，运营人员可以从沟通对象的角度出发思考问题，使协调沟通取得事半功倍的效果。

最后，运营人员要具备"做局"和"破局"能力，在构建体制机制、运营流程的同时，在企业遇到各种问题时，快速高效地找到科学合理的解决方案。

在新零售时代，零售企业对高素质的综合性运营人才的需求十分庞大，运营人员要掌握用户、市场、行业、营销、销售、业务等诸多内容，所有涉及产品和用户的工作几乎都需要运营人员参与。运营人员只有对这些内容足够了解，才能建立全局思维、流程思维，才能充分整合内部及外部的优质资源，为产品营销、品牌推广、用户运营等制定行之有效的运营策略，帮助企业对关键业务流程进行持续优化改善，推动企业不断发展壮大。

管理：满足消费者的品类需求

管理水平低下是导致很多零售企业陷入发展困境的重要因素。过去，生产力低下，需求大于供给，零售企业疯狂扩张，几乎不用管理就能实现快速发展。但目前，零售市场的竞争异常激烈，管理在零售企业参与市场竞争中扮演的角色愈发重要，在此情况下，很多管理水平低下的零售企业自然会遭遇重大生存危机。

超高的管理效率、强大的风险管控能力是零售企业生存发展的重要基础，库存积压、门店运营成本高、物流运输效率低、员工积极性差等，是零售企业管理水平低下的直接表现。如果零售企业能够提高自身的管理水平，即便行业不景气，零售企业的表现不过是利润降低，不会出现严重亏损，更不会被淘汰出局。

当然，零售企业加强管理，不是片面地追求成本控制，比如裁员降薪、牺牲服务质量等，这种做法只会让企业加速灭亡。

近年来，人口红利日渐消失，房租、土地成本不断增长，确实提高了运营成本，但这种成本不能由降低薪资水平或用户体验来买单，而应该提高员工工作效率，减少不必要的浪费，增强用户体验，使消费者购买更多产品，这些都需要从各个管理细节着手，比如组织结构、业务流程、体制机制等方面，在日常经营管理过程中对细节进行持续优化完善。

近年来，连锁企业为了让商品采购形成规模效应，采取各种措施提升总部

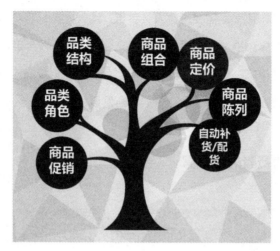

图 2-6 品类管理的工作内容

的集体采购能力，在大范围内实行品类统一管理。在这种模式的作用下，门店商品品类实现了标准化管理，门店商品也形成了严重的同质化现象。

品类管理包括品类结构、品类角色、商品组合、商品定价、商品陈列、商品促销、自动补货 / 配货等诸多内容，如图 2-6 所示。品类管理对运营人员的整合营销能力提出了较高的要求，运营人员需要对产品、用户及场景有深入认识。比如，制订便于消费者购买的陈列方案，提炼营销推广所需要的核心卖点，选择适合目标用户的推广渠道及形式，指导销售人员为用户提供优质服务，以便为其创造良好的购物体验等。

对于实体零售门店的运营推广来说，在消费者推开店门的那一刻，其购物体验便已开始。为了让消费者享受到良好的购物体验，销售人员必须热情待客，及时给予消费者指导与帮助，帮助其制定更加科学的消费决策，同时，让顾客有一定的自由空间，避免一味地向其进行硬性推广。优秀的品类运营，可以有效提高顾客满意度，让顾客对产品及品牌留下良好印象，刺激顾客产生更多的冲动购买与口碑传播。

目前，零售企业要想重塑门店形象，必须与门店所处区域的消费情况、竞争情况相结合调整商品品类，打造特色化的商品品类。为此，零售企业要采用灵活的品类管理模式，面向具体的门店、经营环境、消费需求打造极具特色的商品结构。同时，零售企业要重视品类流失问题。比如，近几年，大卖场的家电、孕婴、数码、运动等品类大规模流失，为了应对该问题，大卖场要重构门店的优势品类，在这方面，企业可参考"加宽加深"法则。

随着消费不断升级，各零售企业必将逐渐放弃价格战，转向价值促销，爆品策略将逐渐失去用武之地。随着消费者需求逐渐多元化、个性化，零售企业仅提供一种商品已无法满足顾客需求，堆头、端架等陈列方式也将逐渐失去价值，而在这些陈列方式的基础上形成的促销支持是爆品策略形成的基础。

在新零售环境下，零售企业的经营活动发生了以下变化：①准确定位消费者，获取消费者需求；②商品组织模式科学化；③商品推送方式多元化。

这些变化表明零售企业的经营活动回归了零售的本质。在这种模式下，零售企业必须采用智能化方法精准定位目标消费群体，获取目标顾客；必须以目标消费群体的需求为依据组织商品，用多元化的商品满足顾客多元化的需求。

为此，零售企业必须调整商品的集中度，扩充产品品类。这样一来，零售企业的门店设计、商品陈列、品类管理、商品采购理念、盈利模式、运营模式都将发生极大的改变。

营销：搭建高效运营推广体系

在信息过载形势下，让营销内容发挥良好效果变得愈发困难，简单的硬性推广已经很难打动消费者，低价策略的效果也明显下滑。想要用营销刺激用户购买，必须刺激用户产生情感共鸣，把握消费潮流及趋势，为用户提供其感兴趣的营销内容，从而刺激其购买产品甚至开展口碑传播。

从实践来看，零售企业的营销推广已经形成了思维定式，长期用满减、打折、抽奖等降价策略吸引消费者购买，使得利润下滑的同时，也让消费者养成了降价才购买的消费习惯。

营销并不一定要通过降价来进行，内容营销、情感营销、体验营销、场景营销等新营销模式都值得零售企业积极尝试，关键要让消费者在营销内容中感受到产品为其创造的价值，将产品融入消费者的各种生活场景之中，让消费者产生联想，刺激消费者产生情感共鸣，进而产生冲动消费，开展口碑传播。

营销活动的开展不能太频繁，即便有好的营销内容，频繁地进行营销推广也会让用户产生抵触心理，不但不能达到预期的营销效果，还会造成严重的资源浪费。如果电商平台的"双十一"活动不是一年举办一次，而是一个月举办一次，恐怕很难达到如今的效果。当然，营销创新需要有专业的营销团队提供支持，为此，零售企业必须做好营销团队建设，打造一支富有活力与创造力的营销人才队伍。

（1）活动运营

活动策划是衡量运营人员活动运营能力的重要指标。活动策划需要明确活动目的，例如有的活动是为了提高产品销量，有的活动是为了提高品牌知名度。在此基础上，进一步确定活动内容、活动形式、考核标准、实施方案等。活动策划应与品牌调性保持一致，否则不但无法达到预期的效果，还有可能损害品牌形象。

活动考核和总结对活动运营尤为关键，分析活动是否取得预期效果时，考察活动促销爆发度和衰减度是一种简单有效的手段。如果该商品在活动举办过程中销量明显增加，举办前和举办后销量下滑，该周期内的产品销量并未获得实质性增长，该活动就不能称为一场成功的活动。成功的活动不但可以提高产品销量，还能够提高销售人员的服务能力，形成良好的口碑，使产品销量实现阶梯式增长。

近几年，跨界联合营销活动大量涌现，通过与有着相同目标用户的企业合作，双方用户相互转化，共同分担活动成本及风险。以小米之家和爱空间曾经联合举办的跨界活动为例，在活动期间，用户在爱空间下单后，可以获得小米之家家电优惠券，而小米之家用户登录爱空间后可以获得精美礼品，下单还有机会获得超值家电。

（2）内容运营

内容运营涉及内容生产、传播、用户再生产、评论分享等多方面的内容，如图 2-7 所示。内容运营需要对内容风格和调性做出明确定位，通过长期向目标用户提供优质内容使用户产生认同感、归属感。优秀的内容应该能够被用户轻易感知，让用户快速了解其中的价值。

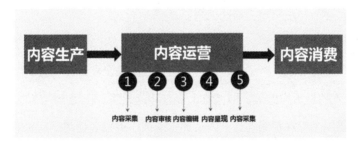

图 2-7 内容运营的步骤流程

在营销内容泛滥的当下，保障内容本身的质量尤为关键。运营人员在某一方面有深刻洞见、有较强的创造力，对内容生产极为有利。当然，运营人员还需要对企业文化和价值观有深入认识，并将其融入营销内容。在此基础上，运营人员还需要长期向目标用户进行营销推广，使目标用户认可企业文化和价值观，成为企业的忠实用户。

需要明确的是，内容运营的核心是要传递对目标用户有价值的内容，只有做到这一点，才能真正打动用户，如果仅从产品营销角度频繁地向用户推送产品信息，只会让用户产生强烈的抵触心理，更不用说促使用户进行口碑传播。

此外，让用户参与到内容生产及传播中来，也是内容运营人员应该掌握的一项重要技能。专业的内容生产人员（比如 KOL，Key Opinion Leader，关键意见领袖）提供 PGC（Professional Generated Content，专业生产内容），普通用户提供 UGC（User Generated Content，用户生产内容），共同组建一个完善的内容生态，在充分满足用户内容消费需求的同时，也能够让运营人员通过分析 UGC 内容挖掘用户的消费需求，以便改善业务流程，开发更多新产品及服务。

（3）用户运营

用户运营的重点是和用户建立良好的信任关系，运营人员首先需要了解目标用户的特性，这需要进行大量的数据整合与分析，掌握用户的年龄、性别、爱好、购买力、消费频次等，然后结合零售企业发展需求，制定合适的用户运营策略，逐渐和用户建立信任关系。

在用户运营过程中，利用种子用户或 KOL 的口碑传播，往往比运营人员直接推广更为有效。本质上，运营人员代表的是企业，即卖方，而种子用户和 KOL 代表的是用户群体，即买方，双方阵营不同。在用户群体心目中，"无商不奸"的观念根深蒂固，运营人员的营销推广难免会让用户产生抵触心理，而种子用户和 KOL 的推荐则要有效得多。这也是为何运营人员热衷于实施用户分级管理，对不同用户采取差异化运营策略的关键所在。

渠道：实现线上线下深度融合

2017 年，零售业整体回稳向好。中国商务部统计数据显示：2017 年，2700 多家典型零售企业营业利润和利润总额分别增长 8% 和 7.1%，增速分别比上年同期加快 6.5 和 11 个百分点，零售业能够止住颓势，与零售企业积极开展业态创新存在密切关联。

线上线下结合的新零售模式为零售企业打破发展困境提供了有效途径，部分在新零售领域积极布局的实体零售企业业绩有所好转。2018 年 1 月 11 日，商务部公布的数据显示，商务部重点监测的 2700 家典型零售企业（以下简称典型企业）销售额同比增长 4.6%，和 2016 年相比，增长了 3 个百分点，其中，专卖店销售额增速为 8.3%，同比提高了 6.6 个百分点。

新零售模式充分利用移动互联网、移动支付、大数据等新技术，对零售业务流程进行改造升级，实现线上线下流量的相互转化，通过社群化运营和用户建立强有力的连接关系，携手上下游合作伙伴，为用户创造更高的价值。新零售模式出现后，电商将完全取代实体门店的观点不攻自破，很多意识到新零售本质的传统实体零售企业不但没有关闭线下门店，反而进一步巩固线下优势，在重点城市开设了新的旗舰店、体验中心等。

促进线上线下深度融合，以及供应链上下游协同发展，开发丰富多元的新兴业态，增强企业服务能力，为零售企业发展注入了新动能。"超市 + 餐饮"模式吸引了零售企业的广泛布局，阿里的盒马鲜生、永辉超市的超级物种都是典型代表。同时，连锁超市集团物美积极布局新零售，满足顾客体验式消费需求，对门店进行改造升级，提高生鲜产品占比，为顾客提供现场烹饪及堂食服务。

需要指出的是，零售企业的业态创新不能简单地流于形式。虽然万达、大悦城等购物中心对超市、餐饮、文娱等多种业态进行了整合，但这并不代表它们能成为新零售，因为它们未能像盒马、超级物种一般让线上与线下实现深度融合，未能推出线下体验、线上下单模式，未能开展仓配一体化运营，提供 30 分钟内送达服务，未能对人、货、场这零售三要素进行改造升级，提高供应链整体效率，降低经营成本。

建立覆盖线下、PC、移动端的全渠道体系，成为很多实体零售企业布局新零售的切入点。为此，实体零售企业积极利用新一代信息技术，对实体门店进行数字化改造，开发无人店、购物商城、移动购物 App 等线上渠道，让消费者可以随时随地购买。

人们必须明确一点：消费者才是零售形式变革的主要推动力，而不是零售企业。在移动互联网迅猛发展的形势下，全渠道零售必将替代单一的线上零售或线下零售，这是零售行业必然的发展趋势。

从2017年"双十一"活动期间的某些数据来看，实体零售企业拓展线上渠道，发展线上业务优势明显。相关数据显示在与线上渠道结合后，传统实体服务企业重获新生，碾压一直以来风头强劲的电商企业，表现出极强的活力与竞争力。

之所以会出现这种现象，主要原因在于电商运营进入了内容时代，消费者在做购买决策时不再只关心产品价格，开始对品牌及品牌传达出来的生活方式进行思考。传统线下品牌大多经过十几年、几十年的发展，有丰富的品牌沉淀，在与电商融合之后，经过几年的线上运营，其品牌积淀实现了大爆发，品牌竞争力猛增。而电商品牌因为发展时间短，缺乏品牌积淀，再加上失去了电商运营技术壁垒，在与转变经营模式之后的线下品牌的竞争中落败也在所难免。

考虑到如今的消费者更加注重消费体验，并希望享受更加快捷方便的购物过程，零售企业应该在进行准确市场定位的基础上，对消费者的偏好、习惯选择的购物渠道进行把握，据此分析不同零售渠道的特征，推出与各个渠道相符的营销策略，促使不同渠道之间的运营相互补充、相互促进，让消费者能够迅速找到自己心仪的商品并快速下单支付，通过这种方式扩大零售企业的利润空间。

当然，企业之间的激烈竞争，能够促使企业更多地让利消费者。如果消费者能够在购物过程中获得良好的体验，就意味着传统零售已经发生了变革，新零售时代已经来临。

对于未来发生的事情，我们无法做出准确预知。因此，零售企业需要耐心等待，及时抓住面前的机遇，积极参与到新零售之中，并积极布局。

【案例】盒马鲜生：阿里巴巴的新零售样本

模式：新零售时代的生鲜模式

新零售的"新"主要体现在两方面，一是模式方面的创新，二是新兴技术的引进及采用。盒马鲜生的首个门店于 2016 年 1 月 15 日在上海开业，这个生鲜零售新业态将电商、实体门店与餐饮的运营相结合，以超快的物流配送服务吸引了大众注意。

随着时代的进步与发展，"新零售"逐渐进入了大众的视野，零售业态的发展也呈现出多元化的特点，具体代表如天虹新业态"天虹 space"、永辉超市的新业态"超级物种"等，这些业态的出现表明新零售呈现出蓬勃发展之势。

新零售的发展离不开先进技术的支持，若不注重新兴技术的利用，新零售就会失去前进的动力。以盒马鲜生为例，其实体店内大部分商品都使用了电子标签，方便消费者查询商品信息。先进技术的应用，能够提高零售商的拣货效率，进而加速企业的整体运转，同时提高用户黏度，根据用户需求为其提供相应的产品。

在现代社会，人们的生活节奏不断加快，购物时更加注重相关服务及整体消费体验。在全自动物流模式下，盒马鲜生能够迅速完成商品的包装与配送，在半个小时内将高品质的生鲜产品送到顾客家门口，帮助他们节省更多时间与精力，满足他们的即时性消费需求（见图 2-8）。

图 2-8　盒马鲜生的新零售模式

（1）支付宝结账，掌控线下消费数据

作为全国首家支付宝会员生鲜体验店，盒马鲜生的运营能够有效提高用户黏度。准备进店消费的顾客，会在服务员的指导下在手机上下载专用的移动端应用程序，登录后填写必要的信息成为会员，在店内选购商品，最后使用支付宝结算。此方式能够为消费者提供流畅的消费体验，提高消费者对店铺的黏度。相较于传统生鲜电商来说，消费者对盒马鲜生的黏性高出很多。

盒马鲜生门店不接受现金付款，消费者可以直接使用支付宝支付，当然在此之前必须先下载安装 App，成为门店会员后才能用支付宝付款。首次进入门店消费的顾客可以向服务员求助，后者会为顾客提供专业指导与帮助。这种模式确保盒马鲜生能够获得足够的线下消费数据，并促进线下流量向线上转移，为全渠道营销的开展奠定良好的基础。

获得线下消费数据。传统实体门店顾客购物消费时，使用现金或扫描二维码支付，商家能够获得的用户数据相当有限，很难为门店的经营管理提供必要支持。而盒马鲜生让用户注册并用支付宝付款，不但可以搜集盒马鲜生及支付宝中的用户数据，还能获取淘宝、天猫、优酷土豆、饿了么等阿里系平台的用户数据，这可以帮助盒马鲜生建立立体化的用户画像，为经营管理决策提供有力支持。

全渠道营销。用户注册盒马鲜生账号后，盒马鲜生可以在移动化、碎片化的场景中向用户推送其感兴趣的内容，引导用户随时随地在线上下单，并在盒马鲜生的线下门店享受购物体验、自提服务等。

（2）生鲜标准化程度高，品类丰富

通过分析盒马鲜生各个商品品类的毛利率可知，水产冰冻产品的毛利率占到总体的三成，比其他商品品类都要高。在盒马鲜生门店，帝王蟹、三文鱼等水产品比较常见，且都已完成包装，产品质量有良好的保证，产品更显高档。再加上盒马鲜生十分注重店内的装修布局，能够在一定程度上满足消费者对优质生鲜产品的需求。

生鲜产品在盒马鲜生经营的品类中占据主导地位，这类产品对消费者而言是高频需求。在很多城市，消费者下班后才有时间到菜市场、实体店挑选生鲜产品，但那时，很多产品已经卖完，或者只剩下残次品。

盒马鲜生瞄准了这类消费者对生鲜产品的需求，陈列在货架上的产品都经过精心包装，通过这种方式为消费者提供质优价廉的生鲜产品，在运营方面实现线上渠道与线下渠道的统一。此外，通过对商品进行包装，盒马鲜生提高了商品的档次，不仅提高了产品的附加值，还有效避免了因消费者多次翻捡而导致的商品损耗。

（3）高效的生鲜配送

借助移动终端应用，盒马鲜生能够实现高效配送，在距离实体店 3 公里范围内，半小时将产品送到消费者家门口。在这方面，盒马鲜生采用的是全自动物流模式，通过物流传送带完成运营过程中的物流操作，仅用 10 分钟就能完成接单、打包、装箱。

盒马鲜生采用的经营模式是对传统生鲜经营的颠覆，其设备应用、商圈规划及物流配送服务是其他生鲜零售商无法媲美的。一方面，高效率的配送能够减少生鲜产品在途中的损耗，还能满足消费者对时间的要求。另一方面，在这种全新的生鲜产品经营模式下，盒马鲜生能够积累良好的口碑，进而拓展自身的利润空间，提高门店业绩。

创新：颠覆传统零售经营理念

盒马鲜生充分利用移动互联网、大数据、云计算等新一代信息技术，投入大量资源建设物流体系，运用互联网思维对传统实体零售业态进行改造升级，成为线上线下深入结合的新零售模式的积极探索者。

背靠阿里巴巴的盒马鲜生能够获得强大的技术支持与平台资源。目前，盒马鲜生已经打造出了"生鲜超市 + 购物 App+ 物流配送"的多业态组合体系，以高频刚需的"食"需求为切入点，通过"新鲜每一刻""所见即所得""一站式购物""让吃变得快乐，让做饭变成一种娱乐"来重构消费价值观。

（1）线上线下一体化

线上线下一体化是转型新零售模式的必经之路，在阿里巴巴强大的技术能力与研发能力支持下，盒马鲜生完成了线上线下商品一体化、库存一体化、营销一体化、价格一体化、会员一体化。需要指出的是，盒马鲜生的线上线下一体化是对线上线下系统进行一体化开发，不是将两个独立的线上、线下系统进行对接，这确保了线上线下系统融合的深度。

首先，盒马鲜生采用了"前店后仓"模式，实体门店同时扮演商品与品牌展示中心、线下体验中心、用户互动中心、商品加工中心、仓储与物流配送中心等多种角色。其次，盒马鲜生为门店 3 公里范围内的顾客提供 30 分钟免费送货上门服务，而且不设消费金额门槛。和因经营成本不断增加收取配送费的其他电商企业相比，免费配送让盒马鲜生具备了比较优势，有效提高了盒马鲜生 App 用户活跃度。盒马鲜生 CEO 侯毅在 2017 年"双十一"期间公布的数据显示，盒马鲜生金桥店等相对成熟的门店线上销售占比已经达到 70%。

（2）经营理念的差异性

新鲜每一刻。盒马鲜生普通产品在 300 ～ 450 克之间，满足用户当次食用需要，减少资源浪费，消费理念从传统超市与电商平台的"购买一次、消费一周"的大宗采购转变为按需购买、随时随地购买。

所见即所得。很多消费属于冲动消费，当用户产生购物需求时，如果不能及时促成交易，一段时间后，用户可能会放弃购买或者购买竞争对手的同质商品。对于生鲜食品的运营来说，能在消费者食指大动之际将食材快速转变为可口的美食十分关键，而且顾客在门店就餐的场景也会刺激其他用户。因此，盒马鲜生为消费者提供食材现场加工与堂食服务，让顾客实现了所见即所得，刺激了消费者的购买冲动。

一站式购物。盒马鲜生提供了丰富多元的生鲜产品，线下门店 SKU（Stock Keeping Unit，库存量单位）为 5000 ～ 6000 个，线上 SKU 将逐步扩充至 5 万个，从萝卜、青菜到帝王蟹与波士顿龙虾应有尽有。为了充分迎合年轻消费群体追求便利化的需求，盒马鲜生还积极开展产品创新，推出冰盒蛋糕、冰醉小龙虾、微波炉加热菜等 3R（Ready to cook，Ready to eat，Ready to heat）产品。

让吃变得快乐，让做饭变成一种娱乐。日渐加快的生活节奏让很多年轻消费者没有足够的时间与精力自己做饭，叫外卖或在门店就餐得到该群体的青睐。同时，这类群体乐于将新奇有趣的事物分享到朋友圈，盒马鲜生抓住这些特征，对菜品加工、餐具采购、门店装修等进行精心设计，并为线上购买食材自己烹饪的用户提供指导，让年轻消费者爱上做饭，爱上盒马鲜生。

（3）零售业态的创新

盒马鲜生的创新之处在多个方面得到了充分体现，商品品类、客户服务、组织架构、经营理念等都进行了创新，其中，以下两个方面的创新尤其为盒马鲜生增色。

一是供应链创新。盒马鲜生对供应商进行严格筛选，从源头上把控商品质量，不向供应商收取保障金、推广费等，降低商品流通成本，最大限度让利消费者，这确保了盒马鲜生的价格优势，让消费者以平价超市的价格享受精品超市的产品与服务。

二是无条件退换货。部分传统零售门店为了提高竞争力，推出 7 天"无理由"退换货服务，但这种"无理由"是有特定条件的，用户必须提供购物小票，并保障产品完好，而大部分消费者并不会刻意保留购物小票，产品不完好又是消费者要求退换货的主要因素，所以，这种 7 天"无理由"退换货服务对消费者的吸引力较为有限。

而盒马鲜生则是在保质期内无条件退货，用户都是线上支付，订单会保留在盒马鲜生 App 中，用户可以直接在相关订单中点击"退订"，一段时间后，盒马鲜生工作人员会免费上门取货，这种人性化的退换货服务自然更容易获得用户认可。

（4）新零售的高坪效、高产出

高坪效。线上线下一体化运营模式，使盒马鲜生门店拥有极高的坪效，可达传统零售门店平均数据的 3 ~ 5 倍。盒马鲜生成熟店（经营 1.5 年以上）坪效为 5 万元每平方米每年，线上客单价为 75 元，线上订单量占比 60%。如果会员线上线下都使用盒马鲜生服务，其每月平均花费为 575 元；纯线上消费的会员，每月花费为 279 元；纯线下消费的会员每月花费 228 元。

高转化率。得益于 3 公里范围内 30 分钟免费送货上门和保质期内无条件退换货两大服务，盒马鲜生拥有远高于竞争对手的用户转化率，盒马鲜生上海金桥店的线上用户转化更是达到了 35%。

高频购买需求。生鲜产品本身就属于高频刚需，盒马鲜生产品品类丰富，既提供日常蔬菜、肉类等普通食材，也提供波士顿龙虾等高端食材，食材价格低、产品质量好，进一步刺激了用户购买欲。据了解，现阶段，盒马鲜生用户月度活跃率为 4.5 次，年度购买次数约 50 次。

体验：重塑线上线下服务体验

（1）数字体验

通过布局数字体验，盒马鲜生可以让用户在制定购买决策时从线上到线下自由转换。盒马鲜生的数字体验以 App 为核心，通过其他线上渠道为 App 带来更多流量。盒马鲜生 App 的功能丰富多元，便捷易操作，用户可以直接在线购买并提供反馈意见，而且 App 会不定期推出各种活动，比如，为用户提供代金券，邀请用户前往门店免费体验特色美食等。

当然，盒马鲜生想要在数字体验方面取得领先优势，仅靠一个具备丰富功能的 App 是远远不够的，功能丰富并不意味着消费者在购物消费时必定使用。为了解决这一问题，盒马鲜生规定消费者在门店购买产品时，必须成为盒马鲜生 App 注册用户并绑定支付宝，才能完成交易。通过这种引导，App 成为购物流程中的关键环节。

盒马鲜生实现了线上线下商品的统一，所有商品都带有独立的条形码，用户可以用盒马鲜生 App 对条形码进行扫描，如果周边 3 公里以内的顾客购买的商品较多，不方便携带，可以扫描二维码线上购买，享受门店提供的 30 分钟内免费送货上门服务。

门店中的自动贩卖机（比如无人咖啡贩卖机等）和自动收银机，都可以通过盒马鲜生 App 扫描付款码来完成自助支付。顾客在门店餐饮区点完餐后，可以先去商品展示区了解其他商品，食材加工完成后，App 会向用户发出通知，提醒顾客及时享受美食。

将一种数字产品推广到线下，必然需要消费者花费一定的时间与精力来学习如何使用。如果流程复杂、操作烦琐，就很难取得成功，但如果能够像盒马鲜生一般以用户为中心，通过流程创新，选择合适的线下接触点，让消费者方便快捷地购买商品，完成支付，使消费者充分意识到数字产品为其生活带来的便利，自然能够得到大量用户的支持。

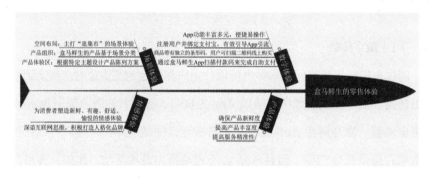

图 2-9 盒马鲜生的零售体验

（2）产品体验

盒马鲜生制定了完善的产品品类管理策略，为消费者创造了独特的产品体验。随着消费者的购买力不断提升，对生活质量的追求越来越高，对新鲜事物的接受程度也有了明显提升。如何带给目标用户更多的新鲜感，成为零售企业激发用户购买欲望的关键所在。基于对用户需求心理的深度把握，盒马鲜生采用了以下几种方式来为消费者创造极致的产品体验。

确保产品新鲜度。新鲜度是衡量生鲜产品价值的重要指标。在盒马鲜生门店中，消费者可以亲自打捞水产品，并将其送至厨房，让消费者获得参与感的同时，更将水产品的新鲜度体现得淋漓尽致。同时，蔬菜区内的产品在外包装上都有包装时间，容易让用户产生信任感。此外，线上订单全部由距离消费者较近的门店供货，大部分情况下，可以做到 30 分钟内送货上门，较短的配送时间也保障了产品的新鲜度。

提高产品丰富度。之所以大众在普通门店中能够选择的生鲜产品品类有限，且价格较高，很大程度上是因为运输成本过高，保鲜技术不足。而盒马鲜生投入大量资源自建物流体系，并依托阿里巴巴的优质供应商资源，对门店产品品类进行扩充，让消费者有了更加多元化的选择，类似活体帝王蟹等普通生鲜门店鲜有的品类，更能引发消费者在朋友圈分享传播。此外，为了满足用户的个性化需要，盒马鲜生还为用户提供线上预约服务，用户预约后，盒马鲜生可以安排采购人员采购并尽快完成产品交付。

提高服务精准性。不断加快的生活节奏，使人们对便利化的追求提升到了新的高度。与每天花费一个多小时的时间亲自做饭相比，人们更倾向于叫外卖或购买简单加工即可食用的产品，希望在时间充裕的节假日自己动手做一桌丰盛的大餐。同时，人们愈发强调饮食质量，不愿意吃剩饭剩菜。在此情况下，盒马鲜生为消费者提供不同加工程度的产品，强调效率的用户可以直接购买熟食或半熟食，想要体验做饭乐趣的用户可以购买各种新鲜食材。

（3）场景体验

盒马鲜生通过为消费者提供丰富多元的消费场景，刺激更多消费者产生冲动购买与口碑传播。同时，盒马鲜生还根据不同的消费主题设计门店装修、产品陈列、营销活动等。以上海浦东的盒马鲜生门店为例，该区域的盒马鲜生门店主打"逛集市"的场景体验，和传统商超相比更加有趣。

在空间布局方面，盒马鲜生融入集市大街元素，通过独特的动线设计（设立主干道和分支，将出入口设置在门店两侧），避免消费者在眼花缭乱的大卖场中购物时迷路，而且盒马鲜生的空间布局并非是固定的，会根据市场潮流与需求进行动态调整。

在产品组织方面，盒马鲜生中的产品并非根据传统意义上的产品类型来分类，而是基于场景分类。产品体验区中，根据特定主题设计产品陈列方案，比如，以"吃海鲜"为主题的体验区，不但有活海鲜，还设置了烧烤区和啤酒专柜，对促进关联销售、提高客单价产生了积极影响。

（4）情感体验

人在制定购物决策时既是理性的，又是感性的，会产生很多冲动消费，盒马鲜生致力于为消费者塑造新鲜、有趣、舒适、愉悦的良好情感体验，让消费者在繁忙的工作之余，能够放松身心，缓解压力。

根植于移动互联网的盒马鲜生，深谙互联网思维，积极打造人格化品牌，通过多种手段对可爱憨厚的河马形象进行广泛传播。在盒马鲜生门店中，吉祥物"河马"会与用户亲密互动；在入口区域举办"有奖套圈"等活动，给顾客带来更多乐趣；服务员被统称为"小蜜蜂"，象征着盒马鲜生服务人员的奉献精神。

同时，作为零售新物种，盒马鲜生还能满足用户追求创新、炫酷的需求，比如，在门店中设置咖啡、葡萄酒等多种自动贩卖机，便捷易操作的自助结账机等。

盒马鲜生同时具备商超、餐饮、娱乐等多种功能，有别于传统的生鲜门店。2018 年 3 月 31 日，盒马鲜生 CEO 侯毅宣布自 2018 年 4 月 1 日起，所有京沪地区的盒马鲜生门店全部提供"24 小时服务"，在 22:00 至次日 7:00 门店闭店时间，消费者依然可以通过 App 在线下单，并享受极致的 30 分钟送货上门服务，这标志着盒马鲜生将开启从生鲜新零售品牌到社区生活服务品牌的转型升级之路。

启示：传统商超的新零售进阶

对盒马鲜生案例进行深入分析之后不难发现，实现零售消费体验的升级是一项系统工作，它需要零售企业树立用户本位的经营理念，实现对新技术的综合运用、前中后台的高效协同等。我们不能否认盒马鲜生背靠阿里巴巴所获得的先天优势，但将盒马鲜生的成功完全归结于阿里巴巴的支持则有失公允，如果新业态仅靠强力的资源支持就能成功，中小企业岂不毫无生存发展空间？实际上，美团、抖音、拼多多照样在 BAT（百度、阿里巴巴、腾讯的简称）三巨头垄断下强势崛起。在传统商超向新零售发展的过程中，我们可以从盒马鲜生新零售布局中找到以下三大关键点。

（1）实现以消费者价值驱动的数字化布局

移动互联网时代，移动端流量占据主流是不争的事实，传统零售企业不得不完善线上渠道，通过线上线下一体化运营满足全渠道购物需求。而互联网红利日渐消失，线上引流成本不断攀升，线上产品想要取得成功必须精耕细作，投入更多的资源进行数据分析与发掘，开展用户精细化管理。

在数字产品规划方面，零售企业要进行更多创新，回归商业本质，从为用户创造更多价值的视角出发，分析需要布局的渠道、数字产品的功能与核心价值等，为数字产品选择合适的接触点，以便和消费者进行线下交互。对于 App 产品而言，主流的接触点包括订单、付款码、通知信息、商品条形码、活动二维码等，充分利用这些接触点，将数字产品打造成用户购物流程中的重要组成部分，培养用户使用该数字产品的习惯。

（2）提升以产品品质为核心的服务创新

消费需求愈发个性化、多元化，品质消费备受青睐。在这种情况下，企业需要充分保证产品品质，尽可能地使产品品质可视化，让消费者可以轻易感知产品具备的价值。比如，盒马鲜生门店让顾客亲自打捞水产品并送到厨师手中，既让用户获得参与乐趣，又充分展示了水产品的"鲜活性"。

此外，消费者不但重视产品品质，也强调整个购物过程中的服务体验，在这方面，盒马鲜生在购物过程中融入新元素，基于特定主题进行空间布局、产品陈列及场景打造，让顾客眼前一亮，这种做法尤其值得传统零售企业学习借鉴。

（3）围绕建立情感连接的品牌建设

一是品牌人格化。盒马鲜生通过将憨厚可爱的河马作为吉祥物，将店员称为"小蜜蜂"等方式，塑造亲民、服务大众的品牌形象，充分利用微博等新媒体推进 IP 建设，为自身培养了一批忠实用户。

二是品牌生活化。盒马鲜生积极尝试将自己融入消费者的本地化生活，通过提供堂食服务，延长消费者在门店中的停留时间，提供新鲜食材、半熟食、全熟食等不同加工程度的产品，且普遍选择小包装，迎合了都市年轻群体的生活习惯，对提高复购率与品牌忠实度产生了积极影响。

激烈变革的移动互联网时代，广大零售企业不但要把握宏观层面的市场潮流与趋势，更要重视 C 端用户需求的动态变化，思考如何利用新技术、工具、模式等推进运营管理创新，实现消费体验全方位升级，最终在百花齐放的新零售领域找到了立足之地。

第 3 章

全渠道零售

构建一体化购物体验

全渠道：实现线上线下深度融合

全渠道零售的概念内涵与特征

一直以来，零售业的毛利率都比较高，但近年来，在各种因素的影响下，我国零售业的毛利率持续下降，大型超市的毛利率下降最为严重。以华润万家为例，2016 年华润万家旗下自营门店总数达到了 3224 家，当年销售额 1035 亿元，然而到了 2017 年年中，华润万家自营门店减少了 800 多家。其他实体零售行业的领军企业也是如此，乐天玛特停业门店 87 家，易买得计划全面退出中国等，足见目前我国零售行业经营状况之惨淡。

与江河日下的传统零售业不同，电商发展势头异常迅猛，很多传统零售商开始尝试对接互联网，开启转型升级战略。一方面，这些传统零售商积极加入电商，获取线上流量，提升经营业绩。根据中国连锁经营协会发布的数据：现如今，开展线上营销业务的传统零售百强企业已超过 60%。另一方面，传统零售商更注重品牌经营，不断提升服务质量，完善自己的网络零售体系，以应对电商冲击。在此背景下，全渠道零售成为电商平台与实体零售企业共同发力的目标。

（1）全渠道零售的诞生背景与概念内涵

2011 年，美国媒体率先提出"Omni-Channel Retailing"一词，也就是我们所说的"全渠道零售"。到 2012 年，这个词开始频繁被提及，中国零售行业于 2013 年开始关注"全渠道零售"。银泰网是我国最早布局全渠道零售的企业，在其带动下，国内越来越多的零售企业参与到全渠道发展中来。

随着信息技术在零售行业的普遍应用，整个行业的发展与信息技术之间的关系越来越紧密。在新媒体平台不断涌现的今天，消费者的行为方式呈现出许多新特点，为适应这种变化，全渠道零售应运而生。

全渠道零售能够对接消费者的多种需求，具体包括购物、社交、娱乐需求等。在全渠道零售模式下，在销售产品的过程中，零售企业会最大限度地发挥不同渠道间的协同作用，各个渠道承担产品销售过程中的部分职能。需要注意的是，零售商的定义范围不再局限于传统概念，凡是产品营销活动的参与者都是零售商。

（2）全渠道零售的主要特征

全渠道零售采用跨渠道的形式。所谓"全渠道"并非是指企业通过所有渠道进行产品销售，而是指企业最大限度地发挥不同渠道间的协同作用。开展全渠道运营是为了提升消费者的体验。因此，全渠道采用了跨渠道零售形式，区别在于，全渠道包含的渠道种类更多，并突出体现了信息技术的价值。

全渠道零售的核心驱动者是消费者。在传统模式下，零售商决定着零售模式的变化。随着生产力提高，商品买卖出现，商人逐渐兴起。零售商利用自己掌握的技术条件开辟销售渠道，使商品到达消费者手中。期间，消费者发挥的作用十分有限，只能选择商家提供的渠道。在不断发展的信息技术的驱动下，消费者的行为呈现出新特点，消费者可以通过多元化渠道进行商品、品牌的对比与筛选，与此同时，越来越多的消费者对消费的便捷性提出了更高的要求，希望能够实现全渠道购物。为了满足消费者的这种需求，全渠道零售应运而生。

渠道建立速度快，呈现多样化特点。传统销售渠道主要包括实体店、上门销售、目录销售、电视购物等。随着网络技术与新媒体的发展，新型销售渠道迅速崛起。早期以网店为主，通过电子邮件、网站等向用户传达信息。随后，一些商家在移动端开展运营。在微博、微信、社交媒体快速发展的今天，商家的销售渠道进一步拓展。多元化的渠道进一步提升了顾客的消费体验。通常情况下，新媒体的诞生会伴随着新渠道的崛起。近年来，新媒体纷纷涌现，商家的销售渠道也越来越丰富。

全渠道零售有赖于数据分析预测的支持。消费者行为受到多种因素的影响，零售商只有对消费者信息进行全方位把握，才有可能从顾客角度出发考虑问题，进而优化销售渠道的整合方式，而这要依靠大数据分析技术。利用大数据分析技术，零售企业可以对供应链进行分析，快速获取消费者的行为信息并进行科学预测，在此基础上开展精准营销。

从单渠道到全渠道的演变历程

近几年，我国的互联网、移动互联网实现了迅猛发展，线上与线下的零售商都在积极推行全渠道战略。相关数据显示，截至 2015 年，我国已有超过 85% 的百强连锁企业涉足线上渠道，发展电商业务。现如今，我国零售企业对全渠道战略的探索已顺利渡过初步尝试阶段、集中爆发阶段，进入大规模实践阶段。

近两年，实体零售企业不断加快全渠道战略的推进，实现纵深发展，通过多种方式与互联网对接、开展跨界经营，形成独具特色的经营方式，创造出更多全渠道发展模式，逐渐取代过去的零售业态。

在零售领域，渠道指的是产品或服务从生产者流转到消费者所经路径。一次交易从开始到结束经过的整条路径就是一条零售渠道。在这个过程中，消费者会从零售商那里获得商品，完成产品、资金、信息等流通。

从总体来看，我国零售企业渠道演变历经了三个阶段，如图 3-1 所示。

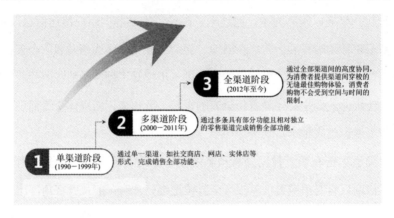

图 3-1 全渠道零售的演进路径

（1）单渠道阶段（1990—1999 年）

在这个阶段，大型实体连锁店迅速崛起，多品牌化实体店不断减少，但因为产品或服务的销售渠道单一，所以这个阶段被称为"单渠道阶段"。在这个阶段，零售企业经营面临的最大问题就是渠道单一，实体店服务的顾客范围有限，只能为周边的消费者服务。近年来，随着租金、人力成本不断增加，仅通过单渠道销售产品或服务，零售企业所获利润已很难维持自身的生存与发展。

（2）多渠道阶段（2000—2011 年）

以互联网为工具，互联网电商实现了迅猛发展，零售商开始发展线上、线下渠道，因为渠道越来越多，所以这个时代被称为"多渠道时代"。在这个时代，虽然产品或服务的销售渠道有所增加，但渠道比较分散。随着人力成本、管理成本不断增加，企业内部竞争愈演愈烈，各渠道的商品价格、服务水平表现出了显著差异，导致企业资源浪费严重，顾客体验不佳，投资回报率持续下降。面对这种情况，零售企业必须想方设法做出改变。

（3）全渠道阶段（2012 年至今）

随着社交网络与移动网络时代到来，一种信息传递路径就是一条零售渠道，在多条零售渠道的基础上，一个全渠道购物群体逐渐兴起。在此阶段，零售企业开始关注顾客体验，了解顾客需求，根据顾客需求为其提供优质的产品和服务，线下零售店铺的地位不断弱化。

具体来讲，全渠道零售指的是企业利用多元化渠道开展组合零售、整合零售的行为，其目的是满足顾客综合化的体验需求，比如购物需求、娱乐需求、社交需求等，这些渠道包括实体店铺、线上销售、微博、微信、社交媒体、视频网站等。

近几年，几乎所有的大型实体零售企业和互联网电商都在布局、探索全渠道零售，在"渠道为王"时代，谁能率先完成全渠道布局，谁就能获得更多市场份额，在市场竞争中占据优势地位。

全渠道时代的业态创新与变革

全渠道时代的业态创新与变革具体分析如下。

（1）全渠道模式下的零售业创新

第一，零售业态创新。零售业态指的是销售市场向顾客提供商品和服务的具体形态，为消费者创造价值，满足消费者的购物需求。零售业态决定零售结构，零售结构又决定了零售活动。为适应市场变化，传统零售业不仅要秉持"以顾客为中心"的理念，还要坚持"以顾客为主导"的原则，做到多种零售业态相融合，打造多元化的零售业态。

第二，零售活动创新。从供应链角度看，零售活动涵盖了商品采购、存储、交换的全过程，包括活动过程中产生的服务。零售活动会对企业的经营业绩、消费者的购物体验产生直接影响，所以对于零售企业来说，对零售活动进行创新意义非凡。通过活动创新，零售企业可增强消费者对品牌的认同、对企业的黏性，在消费过程中掌握主动权。

第三，组织机制创新。零售企业的组织机制指的是能促进供应商、零售商、经销商等供应链成员完善自身工作、完成组织交予的任务，满足顾客需求、提升顾客体验的机制，它涵盖了所有成员的关系网络。传统零售企业转变零售业态，创新零售治理机制，增进成员间合作，提升合作效率，创造共享价值，最终形成一种新的组织机制。

第四，要素关系创新。零售商业模式强调上述三大要素，这些要素之间存在紧密联系，这些要素的和谐程度在很大程度上决定了传统零售业商业模式的契合度。从全渠道零售视角来看，传统零售业要想进一步发展就必须不断对这三大要素的演变进行观察，了解其中的内在联系，对它们之间的关系进行创新，以实现对商业模式的持续调整。

（2）全渠道时代的零售企业变革

由卖方市场转向买方市场。进入互联网时代之后，随着信息革命不断推进，市场上的商品过剩现象愈发严重，零售逐渐从卖方市场转向买方市场。零售业的生存发展需要源源不断的利润作支撑。但目前，零售企业的经营成本不断上涨，利润持续下降，传统的坐等消费者上门的经营方式已无法适应时代发展潮流。

零售商角色变革。传统零售业的运营流程取决于供应链，供应链涵盖了采购、销售、配送整个过程。在传统零售业的供应链中，零售商仅是其中的一个环节。但随着零售业不断向全渠道零售发展，零售业的运营开始强调不同渠道的特色化，比如服务细致化、销售不定向化等，零售商需要承担起领导者与组织者的职责。对于传统零售商来说，这种角色变革是一大挑战。

新型消费结构萌芽。根据中商产业研究院发布的报告，2018 年，我国网购人数超过 6 亿人，且网购人数仍在持续增加，电商的受众规模仍在持续扩大。同时，随着移动互联网及智能手机实现普及应用，移动消费群体的规模也将持续扩大。在此情况下，一种新型消费结构随之产生。在数字化时代，消费者的购物行为也表现了鲜明的数字化特征，也就是网络化。在此情况下，传统零售业要对多种渠道进行综合利用，与消费者多元化的消费特征相契合，提升服务质量，带给消费者个性化的购物体验。

购物习惯改变。随着购物方式及渠道选择愈发多元化，消费者的购物习惯将发生极大的改变。在此情况下，传统零售商必须转型，将单渠道零售转变为多渠道或跨渠道零售，进而转变为全渠道零售，以带给消费者无缝衔接的购物体验，满足消费者的购物需求。此外，传统零售业除保留原有的功能外，还需要增添社交、娱乐等功能，让消费者享受购物、社交、娱乐一体化的购物体验，以增强对消费者的吸引力。

全渠道环境下的物流服务诉求

进入全渠道时代之后，传统实体零售商、互联网电商都在积极寻求变革之路。零售企业不同，其推行全渠道战略的方式也不同，它们的共同之处在于都追求物流体系的完善，致力于物流服务能力的提升。

在布局全渠道战略的过程中，传统零售商会通过发展电商来实现全渠道转型。全渠道战略对传统零售企业的物流能力提出了较高要求，该要求超出了传统零售商原有物流体系的能力，为让客户享受到更优质的全渠道购物体验，很多实体零售企业都选择与第三方物流公司合作，以快速拓展全渠道。比如，王府井百货在布局全渠道时就选择与第三方物流企业合作，为线上下单的顾客提供便捷、高效的物流配送服务。

在此之前，已有一批传统零售商触网，开始发展互联网电商，并在多渠道时代创建了自己的物流体系，进入全渠道时代之后，其物流体系已十分完善。也就是说，在全渠道时代，这类传统零售商不仅在线下拥有遍布全国的零售门店，还有独属于自己的完善的物流配送体系，其竞争力可见一斑。

即便如此，进入全渠道时代之后，这些零售企业依然在努力提升自己的物流服务能力与水平。以苏宁为例，在推行全渠道战略的过程中，苏宁实行"线上线下同价"，并对线下门店进行互联网化改造。进入大数据时代之后，苏宁进一步推进了物流建设。

同时，电商企业也在积极推进全渠道建设，与线下实体零售企业建立合作关系，以提升物流配送效率与水平，提升顾客购物体验。

以京东为例，京东与线下实体零售企业合作构建线上、线下一体的信息链，从供应链、市场推广、门店服务、移动互联网、会员体系等多个层面对线上、线下进行整合，提升整体核心竞争力，将线上流量、信息技术、物流配送融合在一起，通过O2O模式获取线上流量，通过与线下实体零售企业合作实现渠道下沉。比如，1号店为了发展线下生鲜业务，在与沃尔玛达成战略合作关系之后使用了沃尔玛的供应链，采用自营模式经营70多种品类的商品，全程冷链配送，北京市区的订单24小时送达，郊区48小时送达，使物流配送效率得以大幅提升。

零售企业推行全渠道战略要秉持以下理念：为消费者提供多元化的购物渠道，满足消费者随时随地购物的需求，让消费者享受无差别购物服务。为实现这一理念，零售企业对全渠道零售环境下的物流服务提出了诸多要求，具体分析如下（见图3-2）。

（1）提升物流效率

在全渠道零售环境下，零售企业各渠道业务交叉进行，使物流运营活动更加复杂。在此情况下，物流企业提升物流效率不只是提升物流的响应速度，还要保证物流调度的准时性。所以，在全渠道战略下，零售企业要求物流企业能

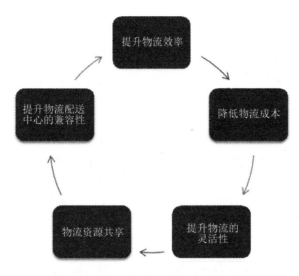

图 3-2　全渠道环境下的物流服务诉求

通过对信息的灵活使用，优化、整合物流资源，让货物实现准时配送。

（2）降低物流成本

在全渠道战略下，零售企业的业务模式非常复杂，物流成本较高，很难降低。EKN Research 公司和 Aptos Inc. 公司曾联合发起一项调查，调查结果显示：为满足消费者全渠道购物需求，零售企业每获得 1 美元收入，就要将其中的 18% 用作物流开支。这一结果来自对 Cyber Monday[①] 日线上销售额的分析，据分析，某日 Cyber Monday 的线上销售额为 30.7 亿美元，物流费用为 5.4 亿美元，占比 18%。因此，零售企业要想提升服务质量，带给顾客更好的购物体验，就必须压缩物流成本，扩大盈利空间。

（3）提升物流的灵活性

如果是单一的电商营销，电商零售企业完全可以对物流进行调拨，但在全渠道零售环境下，零售活动涉及多渠道衔接，需要调拨多渠道资源，为此，零

---

① 感恩节假期之后的第一个上班日的网购促销活动。

售企业必须提升物流的灵活性，尤其是在节假日期间。因为在节假日期间，商家会开展各种促销活动，消费者会高频率、大规模购买，为保证顾客体验，零售企业必须灵活调拨商品资源，促使物流资源实现灵活应用。

（4）物流资源共享

在全渠道零售环境下，各种物流资源必须实现共享，这些资源包括物流人员、物流场地、仓库、物流信息等。但从目前来看，这些资源尚未实现开放、共享。

（5）提升物流配送中心的兼容性

在全渠道战略下，物流配送中心必须为各种业务模式服务，所以物流配送中心必须做到高度兼容，实现兼容的要素包括商品的包装方式、信息处理、时间要求、交接方式等。

搭建全渠道零售物流供应体系

搭建全渠道零售物流供应体系包括以下五个方面（见图 3-3）。

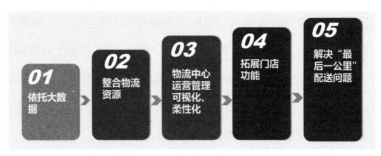

图 3-3　搭建全渠道零售物流供应体系

（1）依托大数据

在全渠道战略下，零售企业必须以大数据为依据对消费者在各个渠道（线下门店、电商、数字货架、社交渠道、社交网络等）的数据碎片（交易数据、社交数据等）进行整合，生成消费者云端数据。通过对数据的有效分析对各地区和仓库的商品资源做出合理安排，对物流资源进行科学分配，保证物流资源准时送到消费者手中，让消费者享受到优质的购物体验。

（2）整合物流资源

在全渠道战略下，零售企业必须做好物流资源的整合工作，这些物流资源包括物流能力、信息系统，整合必须根据自身的实际情况进行。

零售企业要想更好地推行全渠道战略，必须对物流能力进行整合，将物流资源的优势充分发挥出来。目前，很多大型零售企业已认识到物流资源整合的重要性，并且已经开始投入人力、物力对物流资源进行整合。

比如，苏宁利用自己遍布全国的线下门店及覆盖全国的物流中心构建了自己的物流体系，该物流体系可为全国各地的消费者提供物流配送服务；海尔日日顺物流配送站遍布全国各个区县，发展了很多服务商，在三、四线市场布局配送网点，为区、县、乡等地消费者提供物流配送服务；京东依托自建物流，通过与实体零售商合作对自己的物流体系进行完善。

总而言之，对于全渠道战略的推行来说，物流资源整合意义重大。

现如今，由于缺乏强大的信息系统，零售商的货物调度存在诸多问题，使得全渠道战略无法真正落地。所以，对于全渠道战略的推行来说，信息系统整合至为关键。因为全渠道战略对零售企业的商品销售、仓储管理、商品管理、商品运输、智能补货的及时性、准确性提出了较高要求，所以零售企业要想实现全渠道高效运转必须构建功能强大的信息系统。

（3）物流中心运营管理可视化、柔性化

在全渠道环境下，物流中心要想提升运营管理效率必须做到可视化、柔性化。首先，商品库存只有做到可视化才能缩短发货准备时间。同时，物流中心要提升订单处理能力，不仅是为了实现订单的批量处理，还因为在全渠道模式下，订单分拣采用了不同的工艺及自动化物流设备，商品包装更小，订单分拣效率更高。在此情况下，零售企业的物流系统建设必须引入先进的物流装备。

其次，物流中心运营管理要做到柔性化，以实现物流资源的合理配置，保证货物、商品准时送达。要做到这一点，物流中心必须配备合适的自动化设备。

（4）拓展门店功能

在全渠道模式下，线下门店不仅要满足消费者的体验需求，它还是全渠道履单运营中心，要提供部分仓储及配送服务。所以，零售企业要重新对线下门店进行定位，对其进行改造，丰富其功能，使其为消费者提供包含商品销售、展示、自提、体验等在内的综合服务。

（5）解决"最后一公里"配送问题

最后，全渠道物流变革必须为物流配送"最后一公里"问题提供有效的解决方案。目前，物流配送"最后一公里"问题的解决方式主要有以下几种：消费者到线下门店自提、自提柜自提、企业自建物流配送、第三方物流配送等。未来，"最后一公里"配送可能引入众包模式。

另外，"最后一公里"不仅是物流配送过程中的重要环节，而且通过这个环节，物流企业还能与消费者直接接触，所以，物流企业可借此拓展自己的功能，比如通过与消费者面对面交流帮零售企业进行宣传，化身为"行走的广告"。

现如今，我国零售企业对全渠道模式的探索、对全渠道战略下物流模式的探索热情高涨，前者取得了一些成果，后者则刚刚开始，还需付出很多时间与精力。对于全渠道模式的发展和应用来说，物流是第一驱动力。为此，物流建设必须紧跟全渠道建设，大胆创新、变革，推动全渠道战略更好地发展。

实体零售转型全渠道的创新路径

优化零售渠道，强化门店销售

优化零售渠道，强化门店销售具体分析如下。

（1）优化零售渠道

传统零售业转型是为了在提升企业效益的同时让顾客享受到无缝购物体验。在零售企业转型的过程中，全盘接受不是关键，关键在于持续优化。零售渠道的优化需要对企业的客户群进行精准定位与分析，对目标客户的消费途径进行汇总、整理，发现各渠道表现出来的消费特性，选择能满足目标客户娱乐需求、社交需求的渠道进行拓展，全面提升消费者的购物体验，让顾客的价值体验全面升级。如此一来，零售企业不仅能获得顾客信任，提升顾客满意度，还能获得更好的收益。

比如，线上渠道、线下渠道优化不是简单的"线上＋线下"，而是对线上渠道、线下渠道进行合理分配，通过原有的线下渠道获取更多线上渠道，通过线上渠道传播对线下渠道进行宣传推广，然后根据市场优化实体门店选址，用线上渠道的销售收益取代部分实体店铺的销售，从而实现对零售市场的全覆盖。除此之外，线上渠道优化还可以通过产品测试体现出来，它能为传统零售业提供成本低、使用便捷的测试方法，有利于实体零售店对产品销售范围做出精准把控，从而让实体零售门店更好地吸引顾客。

（2）强化门店销售

虽然我们探讨的是全渠道零售，但事实上，每种零售渠道都有自己的独特之处，适用于不同的情境，对企业战略目标的实现发挥着积极的推动作用。比如，线上零售无须支付房租、水电等费用，降低了经营成本，而且打破了时空限制，可随时达成交易，可展示更多商品，为顾客提供更多商品信息，所以很多传统零售商将线上零售视为了最佳转型方向。

随着生活节奏越来越快，消费者的时间愈发碎片化，移动零售为上班族带来了极大的便利，让他们利用碎片化时间购物，节省了购物时间与成本。而且，现如今，发达的移动零售还能为顾客提供定制化服务，最大限度地满足其个性化需求。

但在顾客体验方面，线上渠道、移动零售都没有传统实体门店做得好。除了能带给顾客更真实、更安全的购物体验外，传统实体门店还可以利用规模优势吸引顾客的注意力。除此之外，传统实体门店的销售人员还可以面对面地与顾客交流、互动，了解顾客喜好和需求，为其提供定制化服务，提升顾客对门店的满意度，进一步带动消费。线上渠道、移动零售很难做到这一点。

所以，在电商时代，传统零售企业要在全渠道零售视角下转型发展，通过对实体门店的技术改造创新发展路径。在技术改造方面，在接入新型信息技术之后，传统实体门店可发挥桥梁作用，将不同零售渠道串联起来，对货品的库存信息进行完善，让消费者通过实体门店这个单一的渠道享受多渠道购物体验。

比如，消费者可以先在线下实体门店体验，然后在线上下单购买，最后要求线下配送。相较于纯电商来说，这种以线下门店为中心构建起来的新型购物方式更能吸引消费者，更具竞争力。

完善组织体系，构建生态系统

完善组织体系，构建生态系统具体包括以下方面。

（1）构建扁平化组织结构

传统零售企业要想实现自己的战略目标就要对整个组织体系进行完善，贯彻、落实新的商业模式。传统零售企业的组织结构往往是垂直型结构，不利于开展全渠道销售。为此，传统零售企业要将垂直型结构转变为扁平化结构，构建无边界的虚拟型现代组织，对企业内外资源进行优化整合，共同应对多变的市场环境，做出清晰的反馈，让各个渠道的战略性作用得以充分发挥。

同时，为了对各个渠道进行优化，传统零售业要采取有效措施规避渠道冲突，比如建立健全激励体系，保证员工在任何一个渠道的运营上都可以群策群力，让消费者享受最优质的服务。

全渠道战略要从零售企业整体发展的角度出发，高层管理者做好顶层设计，各部门统一认知，积极执行并相互配合。比如，让所有组织成员认识到品牌建设与顾客体验的重要价值，构建跨部门、跨渠道沟通协作机制，整合部门与层级，促使组织结构更趋扁平化，充分满足全渠道发展需求。

（2）企业文化重构

打破各部门之间各自为政的不利局面，建立以服务顾客为中心的组织结构，降低规章制度对组织成员发挥活力与创造力的阻碍，使组织成员可以更好地协同合作。在组织内部树立全渠道意识，让员工从全渠道视角思考并解决问题，为员工开展全渠道价值传递活动充分授权。当然，为了更好地促进员工相互分享知识与技能，可以组织开展内部培训与团建活动。

此外，零售企业需要大量兼具零售与电商知识的专业人才开展全渠道运营，为此，传统零售企业必须不断引进人才，做好人才培训，让现有人才掌握最新的知识与技术，以更好地适应瞬息万变的市场。

（3）实现各渠道的自由流通

实施全渠道战略，需要实现全渠道库存透明化、可视化、一体化，这对零售企业的跨渠道协同作业提出了较高的挑战。商品、数据等要在各渠道之间实现高效自由流通，各分销中心不但要对本辖区内的门店库存进行管理，更要考虑其他分销中心、实体门店，以及电商和移动渠道的库存管理，确保企业拥有强大的跨渠道履约能力。

建立以距离消费者最近的门店为第一履约人的机制，各实体门店既要及时完成本店订单的履约任务，又要及时处理电商和移动终端订单的履约工作。当其他门店因为库存不足需要门店协助履约时，门店要积极配合，当然，各门店也要负责退换货等售后服务。有了售后服务保障，顾客才会有更高的购买意愿。而且，门店为顾客提供售后服务，也增加了门店和用户接触的机会，可以进一步提高产品销量。

从零售企业视角来看，门店就近服务可以有效降低交易成本。当然，这需要各渠道间信息与商品高效流通，构建透明化、可视化库存，实现订单与配送统一化，建立公平合理的利益分配机制。

传统零售企业要想在全渠道视角下转型发展，必须对各个渠道进行优化，引入最新的科学技术，完善组织体系。在这个过程中，任意一项工作实施起来都比较复杂，单一的零售企业凭借自己有限的资源很难完成。所以，企业要秉持自然生态的理念进行创新，将供应链上的利益相关者整合到一起，构建一个互利互信的利益共同体，共同创造价值，共同享受价值创造带来的利益。

全渠道零售生态系统涵盖了消费者、供应商、零售商、制造商四大供应链主体，它们共同开展生产活动，共享信息，让消费者享受一站式服务。在整个生态系统中，生产商、零售商、供应商是核心，他们有自己独特的价值主张，为整个系统创造价值，帮其他供应链成员更快地适应新环境；政府机构、行业协会等共生企业是基础，各自发挥自己的功能，帮主导企业形成差异化竞争优势，推进差异化竞争战略；法律法规、信用体系等外部力量是保障，可有效提升客户的满意度，增加客户利益。

依托技术手段，打破渠道边界

在传统零售企业转型发展方面，科学技术发挥着外部推动作用。传统零售企业在转型过程中要密切关注新技术，尤其是能降低运营成本、提升运营效率的最新科技。零售企业要积极尝试用新技术构建新的商业模式，用以推进自身转型升级。同时，传统零售企业还要利用不断进步的科学技术改进产品与销售流程，对整个运营流程进行重构。

对于实体门店，零售企业可以对其进行数字化改造，提供免费 Wi-Fi，引入智能电视，安装可以展示信息、结算并支付的显示屏，打造可以让顾客进行虚拟触摸体验的虚拟电视墙，为员工配备可以高效便捷地进行业务咨询的平板电脑等设备，引进现金、银行卡、移动支付等多种支付方式。此外，零售企业还要在门店设置休息区，为顾客提供沙发、免费咖啡等服务，让顾客获得家一般的感受。

对于线上网店，纯电商购物很难让消费者实际体验产品，所以，类似电视、沙发这种对实际体验要求较高的产品，人们通常选择线下购买。为了解决这一问题，电商要充分借助 AR/VR 技术构建虚拟场景，带给用户极尽真实的购物体验。除此之外，电商还要开发简单易操作的购物系统、实时透明的库存系统、高效便捷的退换货系统与购物评价系统，为顾客提供安全的支付工具，让用户可以放心购买。

对于移动终端，零售商可以通过开发 App 或小程序，为用户提供产品信息查询、购物记录保存、扫描二维码支付、3D 地图导航、门店促销活动通知、发放优惠券、网购订单状态实时查询、用户评论、购物单共享、KOL 推荐、向店员咨询等多种服务。

零售企业要对组织内部各部门与岗位的职能与责任进行整合，搭建全渠道平台，该平台包括前台和后台两大部分。

前台部分，即与顾客接触的各种终端，比如，实体门店、网店、智能电视、移动 App、微信、微博等。

后台部分，即支持前台功能实现，为顾客创造无缝式体验的各类系统，比如，结算系统、库存管理系统、供应链管理系统、物流管理系统、营销管理系统、订单处理系统、智能化呼叫中心、数据库系统等。其中数据库系统又涵盖 CRM 客户关系管理系统、ERP 企业资源计划系统、PIM 产品信息系统、CMS 企业内容管理系统、OMS 订单管理系统、顾客信息库等。

全渠道零售实施中的四个要点

具体包括：

（1）围绕零售本质

多元化的渠道选择常常会让零售商不知所措。尽管全渠道零售要最大限度地发挥多个渠道的协同作用，但这并不意味着零售商要在每个渠道布局，并在自己布局的各个渠道建设中投入同等的成本。渠道布局是为了提升消费者的体验，为此，全渠道零售要回归零售本质，满足消费者在购物、社交、娱乐三方面的需求。所以，零售商要围绕零售本质进行渠道选择。

（2）清晰定位不同销售渠道

了解各个销售渠道的特点，据此推出相应的服务。实体店能够营造特定的环境氛围，满足消费者的购物体验；网上商城能够帮助消费者节省时间与精力；新媒体在信息传播方面具有天然优势；社交网站能够实现产品信息的广泛覆盖，提高顾客黏度；邮件、微博能够在产品促销中发挥推动作用；微信具有很强的即时性，能够在商家与消费者之间搭建即时沟通渠道，用于售前推广与售后服务，或者与其他渠道相配合，便于零售商进行交叉销售。

（3）提高全渠道零售的运营能力

采用全渠道模式的零售企业，要承担销售点建设、商品供应、款项收取、物流配送、会员管理的工作。一般来讲，零售商要与第三方合作才能完成这些任务。

在销售网点建设方面，传统零售商比较擅长店面选址与布局。但目前，随着消费业态不断发展，实体店的功能更加倾向于展示商品和提供体验服务。网上店铺应充分利用电商平台的流量基础，开展线上商品运营。企业除了在网站进行产品销售外，还可以通过平台与消费者沟通互动。

在货款支付方面，在使用传统支付方式的同时，不妨推出以二维码支付为代表的新支付方式，为消费者提供更多便利。在物流配送方面，可布局连锁驿站来完成末端商品配送。

在顾客管理方面，可以利用微信、微博与消费者进行多样化沟通与互动，通过这种方式积累自己的忠实用户。

（4）借助大数据分析顾客的行为信息

零售企业能够利用大数据技术获知顾客的行为习惯，实施精细化的用户管理，整合不同的销售渠道，提高订单管理效率，开展精准营销。零售企业可通过线下零售实体店与线上合作伙伴获取更多数据信息，提高数据分析结果的精准度。

【案例】天虹商场：全渠道零售实现路径

建设阶段：打造便捷购物渠道

在电商、社交媒体、移动终端迅猛发展的情况下，很多传统零售企业都开始积极拓展线上渠道，以开展全渠道营销。对于传统零售企业来说，同时拓展线上线下渠道，推行全渠道战略，让消费者享受到无缝衔接的购物体验是一大挑战，天虹商场在这方面做出了有益示范。我们从购买前、购买中、购买后三个阶段对天虹商场的全渠道零售进行分析。

在推行全渠道零售战略之前，天虹是一家非常传统的实体零售企业，消费者只有走进店铺才能浏览商品、获取商品信息、与店员交流、付款购买。也就是说，在这种零售模式下，消费者要想买到称心如意的商品必须借助线下实体店这个渠道，这显然与零售业便捷化、追求极致购物体验的发展趋势不符。经过几年时间的探索与实践，天虹商场可为顾客提供商品调研、选购、支付、取货等多项服务。

（1）商品调研

截至 2019 年 1 月，天虹商场开设了 11 家购物中心、67 家综合百货商场、155 家便利店、80 家超市；在线上，天虹开发了网上天虹商城、天虹微品 App、虹领巾 App、天虹微信，线上线下共计 8 条渠道，顾客可任意选择一条或几条渠道对商品进行调研，甚至可以通过多条渠道反复调研。

（2）商品支付

天虹商场面向不同的渠道推出了不同的支付端口，包括收银台支付、手机支付、专柜 PAD 支付、网上支付，无论选择何种支付端口，消费者都可以从现金支付、银行卡支付、支付宝支付、微信支付、天虹预付卡支付、天虹 VIP 卡支付、虹领巾购物券支付等支付方式中选择一种完成付款。多种多样的付款方式给消费者带来了极大的便利，还使支付效率得以大幅提升。

（3）商品取货

无论消费者选择哪种渠道购买商品，天虹商场都为其提供了两种收货方式：一是送货上门，二是门店自提。门店自提可让顾客在最短时间内收到货物，提升取货的体验感。天虹商场设置了三类提货点：第一类是门店提货点，消费者可前往天虹购物中心、综合百货、万店通便利店或微喔提货，这种方式有利于产生交叉销售，使门店销售业绩得以进一步提升；第二类是第三方提货点，天虹商场将商品快递到消费者指定的送货点或物业管理处，消费者前往这些地点取货；第三类是自提柜，比如速递易、E 栈自提柜等，方便顾客随时取货。

分工阶段：提供极致购物体验

如果企业拥有多条渠道，就要考虑根据渠道自身的特点进行分工，消除单一渠道的局限。众所周知，线下渠道可让顾客与店员开展面对面咨询，带给顾客真实的购物体验，线上渠道可扩大商品的覆盖范围，让信息实现精准传递，最终使顾客辐射范围得以进一步拓展，从而进一步提升客户体验。天虹商场全渠道分工主要表现为渠道功能的分工。

（1）线上渠道

虹领巾 App、网上天虹商城、天虹微品、天虹微信等承担着信息发布、特惠商品推荐、商品快速查找等功能。虹领巾 App 包含了天虹全球购、天虹超市及天虹百货中的很多商品，顾客可以通过虹领巾 App 搜索所需商品，查询附近门店的商品库存情况，然后选择合适的渠道购买。

天虹商场以微信平台为依托推出了"抢购秒杀""门店精选"等活动，利用虹领巾 App 推出了一些生活主题式方案，比如"春日郊游全攻略"等，让顾客可以在最短时间内获取新品信息及促销优惠信息。

同时，天虹商场和百度、微信合作，通过定位顾客的地理位置、追踪顾客的商品浏览记录及交易记录获取顾客信息，然后通过大数据分析绘制顾客的精准画像，有针对性地向顾客推送商品信息，开展精准营销。目前，天虹商场后台设置了 60 多个标签，每位顾客都有多个标签，天虹商场可以根据这些标签对商品促销信息进行精准推送。除发布信息外，天虹微信客服还能及时处理顾客反馈。

（2）线下渠道

购物中心、综合百货、便利店等主要承担商品试用、娱乐体验、提升顾客购物体验等功能。综合百货通过设置主题、创建情境、对商品进行关联陈列提升顾客的购物体验，或通过与其他企业合作让顾客享受更加多元化的服务，从而提升整个购物过程的娱乐性、趣味性，赋予商场更多娱乐休闲、文化教育功能。跨境电商体验店的虚拟货架利用有限的陈列面积向顾客展示更多商品，为顾客提供更多选择，让顾客放心地购买海外商品。

整合阶段：线上线下渠道协同

很多人都会将全渠道零售与多渠道零售混为一谈，二者的区别不在于渠道数量的多少，而在于全渠道零售利用信息技术将多条渠道有机整合在一起。在全渠道零售模式下，商品、财务、人员等信息可在各渠道间自由流通。再加上各渠道并非独立运作，可在公司总部信息整合下实现协同。所以，相较于传统零售模式来说，利用信息技术开展的多渠道整合是全渠道零售实现的关键。

在商品调研与支付阶段，全渠道零售主要通过各类情报搜索平台对顾客、商品、交易等信息进行整合。天虹商场通过虹领巾 App 进行资源整合，不仅对所有线上渠道资源进行整合，还实现了与线下实体门店的链接。

一是整合顾客信息。天虹商场通过虹领巾 App 对线上、线下的会员信息进行整合，创建了一个统一的会员中心，在会员信息中添加顾客手机号、微博、微信、QQ 号等信息，无论顾客通过哪个账号登录，都能以同一个身份在各个渠道间选购商品。

二是整合商品信息。天虹商场通过虹领巾 App 对线上、线下渠道进行整合，将移动电商平台、传统电商平台和传统实体店铺整合到一起，将商品信息通过各个渠道展示出来。其中，"品牌街"与"品牌专柜"共同展示实体店铺中的精品；"天虹到家"与"精选超市"共同为顾客提供一站式购物服务；"海外购"与"跨境电商体验店"共同展示跨境电商体验店中的所有商品，包括扫码销售的商品。同时，天虹微信或天虹微品又可展示虹领巾 App 中部分精选商品信息。

三是整合交易信息。虹领巾 App 可将零售小数据、商圈中数据、百度大数据进行整合，通过对这些数据进行解读开展精准营销与推送，提高引流效率与质量，完成销售转化。

商品取货阶段主要对全渠道订单的商品配送进行协调，也就是无论顾客通过何种渠道下单购买商品，都由公司统一处理、安排配送。天虹商场的整体配送流程包括订单接收、订单处理、安排配送。天虹商场为顾客提供了两种取货方式，顾客可任意选择，信息共享中心会按照顾客要求将配送信息提交给配货方，综合百货或购物中心会安排员工配货，仓库或供应商会自动配货，配货完成后或等待用户自提，或快递至顾客指定的取货点，或直接快递到顾客家中。

实现路径：全渠道布局的启示

全渠道布局的启示主要分为三个方面。

（1）以消费者为中心的全渠道战略

天虹商场推行全渠道战略的目标是在最大限度上满足消费者需求，从以实体门店为中心转向以消费者为中心，主要体现在两个方面：一是打造生活方式，二是打造体验式消费商场。前者，天虹商场的目标是满足消费者对购物信息的需求，并为此创建了时尚首席官和内容编辑团队，按照特定主题对商品进行编辑之后再将其推送给用户，为用户创造价值。后者，天虹商场的目标是满足客户情感体验需求，为此打造了一系列现场体验项目，比如小剧场、健康驿站、体验厨房、快乐驿站等，使体验式消费内容在实体店中的占比得以进一步提升。

（2）扁平化的组织模式变革

全渠道零售模式的构建要做好组织结构变革。为提升全渠道战略的推行效果，天虹商场对总部做了精简，推动组织结构变革，创建了扁平化的组织结构。为推进全渠道融合，天虹商场对公司的行政部门、技术部门做了整合，为各业务板块、事业部提供一体化的服务支持。

首先，在共享服务中心设计方面，天虹商场创建了三大共享服务中心，分别是财务中心、信息中心、人力资源中心，以推进财务、信息、人事等资源融合、共享。其次，在渠道事业部设计方面，天虹商场根据不同渠道创建了不同的事业部，比如电商事业部、购物中心事业部、便利店事业部等，全面提升各事业部的渠道拓展能力。最后，在扁平化职能部门或任务团队设计方面，天虹商场尽量减少职能部门的层级，尽量不超过 3 级。有些职能部门直接拆分成若干个小单位，组建任务团队，进一步增进部门成员间的联系，提升整体活力。

（3）基于全渠道战略的信息化平台

为更好地推行全渠道战略，天虹商场构建了两大系统平台，一是以鼎捷 TOP、GP、ERP 系统为核心的信息化一体化管控平台，二是无缝集成业务 POS 系统、CRM、OA、卡系统、B2C 平台、B2B 平台的零售经营综合信息系统（简称 "R3 系统"），保证天虹商场在日常经营过程中对各种信息资源进行充分掌控、高度共享。另外，通过完整的门店传输机制，天虹商场可及时交换数据，缩短信息传递时间，保证了决策的精准性、科学性，使门店的经营管理水平得以大幅提升，从技术、数据两个层面为门店经营提供强有力的保障。

目前，天虹商场构建了三个基础性的信息化平台：一是以 ERP 为核心的价值创造平台，二是以信息分享为核心的知识管理平台，三是实现了全渠道覆盖的服务平台。通过这三大信息化平台的构建，天虹实现信息高度共享，开展统一化管理，促使业务、财务一体化，灵活经营，提升门店运营效率。

第 4 章

智能新零售

技术驱动的零售升级

智慧零售：重塑"人、货、场"关系

自我变革：变革企业运营体系

自人类文明诞生后，零售业态就已出现，并一直发展至今。散商走街串巷是初期零售业态的表现，后出现了固定的门店经营模式，小型零售商得以迅速发展。工业革命时期，百货店、零售店的规模持续扩大，并出现了零售连锁店，由总部统一管理。与此同时，购物中心、超级市场两大零售业态随之出现，并在市场上得以迅速发展。通过占据地理位置优势迅速开店，传统零售业态呈现出蓬勃发展之势，零售门店数量持续增加。

进入移动互联网时代以来，越来越多的消费者选择网购，使线下实体零售业的发展面临巨大的挑战。在此形势下，很多实体零售店的经营状况每况愈下，有些实体零售店甚至被市场淘汰出局，再加上实体店铺租金、人力资源成本不断上涨，部分业内人士提出"实体零售将死"的观点，但事实并非如此。实体零售伴随着人类文明的诞生出现并发展，只要商家与消费者之间存在交易行为，零售就不会灭亡。

从本质来看，实体零售业之所以面临挑战，是因为传统零售业的运营方式不够精细，难以满足工业革命时代的市场需求。为了解决这个问题，实体零售业必须依托先进的技术力量进行改革。

有人将智慧零售解读为互联网企业对传统零售的改革，事实上，传统零售是在自身需求的驱动下，借助先进技术与工具实施的自我转型，以适应新时代的市场需求。

要对智慧零售进行分析，就要找到合适的切入点。从用户的角度来看，提及智慧零售，很多人会想到无人零售店，将"智慧"一词与线上支付、自动扣费联系起来。但在传统零售向新零售转型的过程中，除了选购、支付环节之外还要进行其他方面的改革。

身处智慧零售时代的零售企业，要想实施彻底的变革，达到转型升级的目的，就要改变现有的行业价值链的组成方式，从各个层面对自身的运营体系进行分析并加以改造（见图4-1）。

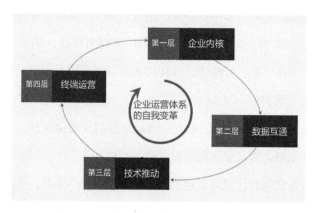

图4-1 企业运营体系的自我变革

第一层，企业内核。

在传统模式下，企业之间的沟通交流十分有限。但在智慧零售时代，零售企业要重塑企业文化，强化内外部合作，充分发挥先进技术的带动作用。

第二层，数据互通。

零售企业可通过共享数据资源促进不同环节之间的互动，提高数据资源的开放程度，对各个部门的数据信息进行收集、处理与分析。

第三层，技术推动。

以数据资源共享为前提，零售企业可借助先进的技术手段进行改革，发挥人工智能、物联网技术的作用，对数据中潜在的商业价值进行挖掘，转变零售企业的传统思维模式，利用射频识别技术和协作机器人等先进设备加速供应链各个环节的运转，促进不同环节间的信息流通，实现总体成本控制。

第四层，终端运营。

零售企业要对传统的销售场景进行改革，创新交互模式。在开展终端运营的过程中，零售企业要注重场景设计与打造，优化线下体验场景，实现线上线下一体化运营，更好地对接消费者需求。

在传统零售模式下，拥有流量基础、能够吸引顾客进店的企业往往占据优势地位。在智慧零售时代下，企业需要对传统价值链条进行改革，建立信息共享、开放程度更高的生态系统。

面对瞬息万变的市场环境，零售企业应抓住机遇实施改革，使自身运营更适合新零售时代的需求。

进阶之路：智慧零售发展阶段

从数据来源、科技应用、人力投入的变化来看，智慧零售的发展包括以下三个阶段：雏形期、成长期以及成熟期。

第一阶段，雏形期。

在这个时期，传统零售企业开始向数字化方向发展。企业资源计划系统（ERP）在零售行业中得到应用，能够提高企业获取、分析内部数据资源的能力。企业对各类数据的价值有了更清晰的认识，能够对自身运营过程中产生的采购信息、成本信息、用户信息、营销信息等进行数字化处理。在这个过程中，企业的管理工作由经营者负责。

第二阶段，成长期。

在成长期，智能设备开始发挥辅助作用，企业开始进行智能化建设。零售决策者能够更好地把握市场发展趋势，并分析背后的原因。企业可利用大数据分析技术、商业智能系统对价值链不同环节的数据信息进行收集，具体包括企业内部数据、供应商、营销商、零售终端产生的数据等，提取数据中潜藏的价值，为企业决策提供参考，进而加速企业的整体运转。过去，企业主要通过实施会员制度搜集用户信息。目前，企业则能够通过社交平台运营获取更多数据资源，体现出社交流量的价值。

第三阶段，成熟期。

在这个阶段，企业利用大数据、物联网、人工智能等先进技术对传统零售模式进行改革，颠覆了传统的"人、场、货"运作方式，技术力量显著提高。借助先进的网络技术、智能传感技术等先进技术，企业可采用多元化的方式，从各个渠道获取数据资源。

在此基础上，企业能够实施精细化运营，对商品组成结构及自身服务体系进行优化。企业可根据具体的业务场景发展需求，结合数据技术的应用及相应的算法模型，对现有的运用模式进行改革，在成本控制的基础上提高自身生产力，推动整个运作流程优化升级。

传统零售企业在向智慧零售转型的过程中，要注重店铺位置选择、商品品类结构、物流配送、用户运营等方面的问题，在解决问题的过程中形成自己的智慧零售方案，通过实施方案提高整体运营效率，增加自身的利润所得。

在传统模式下，零售企业在选址时，要依靠行业专家进行专业评估，耗费大量人力资源，还要经历漫长的选址过程。智慧零售则可以利用先进技术获取不同地区、不同时段的人口热力分布，掌握不同地区的人流分布，为自身选址提供有益参考。

零售企业了解了不同地区的人流分布情况之后，要对特定人群在不同时段的客流分布情况进行分析与把握，初步选出目标区域。然后，零售企业要在此基础上根据企业已有门店数量，综合考虑潜在客户所在区域及其他相关要素，为企业门店选址提供进一步的参考。另外，借助智慧选址系统，连锁企业能够科学选址，并在此环节做好成本控制，避免消耗大量的人力、物力等资源。

不少零售企业在选品方面会遇到阻力，在传统模式下，企业各个门店采用统一的商品组合方式，无法对接当地消费者的个性化需求。要解决这个问题，门店经营者就要对周边用户的消费习惯、消费偏好等问题进行分析，了解当地经济发展水平对市场消费的影响，但要做到这一点并不容易。

在智慧零售模式下，企业可以利用先进的技术手段获取商圈流量、客流属性、消费者偏好等相关信息，开展精细化的用户运营，运用适当的数学模型进行信息提取与分析，颠覆传统的线下消费场景。零售企业要据此优化门店的品类结构，根据消费者的接受能力调整产品价格。

对于智慧零售与传统零售间的区别，消费者的感受并不明显。从他们的角度看，智慧零售的变化主要体现在，商场提供的商品更符合消费者自身的需求，商品价格更符合消费者的接受能力，消费者的消费需求愈发强烈。

体验路径：重塑"人、货、场"的关系

传统零售将更多精力放在商品与渠道方面，而智慧零售则是以人为本，以顾客为中心。虽然部分传统零售企业也倡导创造良好的用户体验，但其用户体验路径为从商品与服务到人，而不是智慧零售企业的从人到商品与服务。

传统零售是上游厂商率先生产商品，商品材质、工艺、包装等主要根据厂

商积累的经验决定，消费者是否接受这些商品尚未可知。在渠道商的帮助下，上游厂商将商品分销给零售商后，零售商必须投入大量营销资源来获得目标用户的认可。但因为市场竞争过于激烈，很多时候，即便投入了高额的营销成本，企业的营销活动也无法达成预期的效果。

智慧零售则是先对目标用户进行定位，深入挖掘其消费需求，实现定制设计、生产、定价、营销等。智慧零售仍属于零售范畴，围绕对"人、货、场"三要素的重构展开。对于智慧零售来说，实现"人、货、场"三要素的数字化是重要基础。

（1）顾客数字化

顾客数字化的目的在于，它能够让零售企业通过多元化的渠道获取顾客，对顾客进行管理，为顾客服务。具体来看，顾客数字化的实现路径包括三个要点。

一是自建平台或零售终端。平台与零售终端是商家服务顾客的载体，是商家和顾客沟通的媒介。所以，零售企业要想获取顾客信息，实现顾客数字化，必须做好平台或零售终端建设。

二是全面实现顾客数字化。零售企业将和商家有关的目标用户全面数字化，建立用户数据库，当然，不同顾客的数字化方式也应该存在一定的差异。比如，随机顾客可以通过小程序完成数字化；普通顾客可以通过微商城完成数字化；忠实顾客可以通过 App、微信群等完成数字化。

三是用户生命周期管理。用户都存在一定的生命周期，这也是商家可以不断获取新流量的一大重要原因。部分商品用户的生命周期较长，比如水果蔬菜等；部分商品用户生命周期较短，比如母婴用品等。用户生命周期管理的目的是要尽可能地延长其生命周期，并挖掘更多的商业价值。

这要求商家在用户生命周期的不同阶段采用不同的运营策略。比如，对那些对商品或品牌感兴趣但未购买的用户，需要采用免费体验、赠送代金券等方式鼓励其购买；对于那些经常购买的忠实用户，需要通过商品组合提高客单价，并刺激其在朋友圈分享购物体验，扩大产品及品牌曝光度等。

（2）服务多样化

用优质的商品与服务满足用户多元化的消费需求，创造极致的购物体验，是以人为本的直接体现。在消费升级的背景下，人的需求愈发多元化。人们购买商品时，不但想要获得实物，还想获得幸福、快乐等精神与情感层面的满足。

以母婴零售为例，母婴门店不但要提供各类极具性价比的优质母婴商品，还要与顾客分享专业母婴知识与技能、提供婴幼儿按摩及护理等多元化服务，在为消费者带来更多便利的同时，也能创造更多新的利润增长点，获取更多利润。

（3）销售场景化

合适的场景能够引发用户联想与回忆，使用户产生情感共鸣，从而打动用户，刺激其产生冲动购买，形成口碑传播，这比传统的硬性推广要有效得多。在实体零售向智慧零售转型的过程中，需要关注四种类型的销售场景：社区、社群、社交及推荐。其中，推荐场景建立在商家积累的充足的数据基础之上。具体来看，销售场景化要通过以下三个层面的内容实现。

一是社区层面。作为人们日常生活的重要场景，社区存在极大的价值探索空间，社区销售场景化强调便利，通过社区配送方便人们的日常生活。社区场景可以进一步细分为到店场景和到家场景，前者包括线上预定、扫码购等，后者包括闪电送、上门服务等。

二是社群层面。将存在某种共同特征的用户聚集起来就形成了社群。社群场景运营强调持续性，要长期和目标用户沟通交流，通过传播生活方式、文化、价值观等影响用户，逐渐将普通用户转化为高忠诚度的粉丝，然后通过线上线下活动刺激社群成员购买，搜集其反馈意见，在此基础上对社群运营、商品设计、商品定价、商品营销等活动进行有效调整。

三是社交层面。基于一定社交关系的营销推广可以有效提高转化率，社交场景运营要兼顾社交关系维护和激励手段的使用。比如，通过将忠实用户转化为消费商，借助其朋友圈进行传播，消费商销售商品可获得分成，借此激励消费商，提高消费商的传播热情。

实体零售智能化布局的突破点

随着科技不断进步，零售业发展水平日渐提升，人们的生活品质逐步增长。将人工智能技术应用到零售领域，提高零售效率与用户体验，已成为零售业的发展潮流。正是因为认识到了这一点，京东、阿里、苏宁、亚马逊等零售企业都在积极探索零售智能化转型。

事实上，从技术研发、资本关注、巨头跨界布局等方面来看，零售业不过是人工智能的应用方向之一，其应用水平和交通、医疗、教育、家居等领域相比还存在一定差距。

零售智能化并不是简单地局限在某个流程或环节，比如，刷脸支付、个性推荐、库存可视化等，而是应该在零售全流程、全链路中得到充分体现，实现对供应链管理、营销、物流、售后等诸多环节的全覆盖。同时，零售智能化还能为零售企业带来多元化的商业模式，提高产业运营效率，满足人民日益增长的美好生活需要。

现阶段，智慧零售应用场景主要集中在销售端，比如，迎宾机器人、导购机器人、货架管理机器人、智能穿衣镜、无人车送披萨等。在零售各环节布局智能应用确实是智慧零售落地的重要基础，但这并非是智慧零售的全部。

如何找到行之有效的切入点，是正在向智慧零售转型的零售企业的关注重点。在智慧零售刚出现时，各方对"何为智慧零售"这一问题并没有达成一致意见。从零售的本质来看，如何围绕用户需求，实现最高效的生活场景动态感知、解决方案定制推送、商品快速交付等，应该是智慧零售永恒的目标。

智慧零售能够利用大数据、云计算、传感器、物联网、人工智能等技术，使商业供应和用户需求实现精准对接。消费需求有规律可循、可预测，生产商、渠道商及零售企业因盲目生产、采购导致的库存积压问题将得到有效解决，供应链效率将得到显著提升。同时，物流也会日趋智能化、智慧化。由自动驾驶汽车进行干线运输，由机器人完成最后一公里配送，物流效率与体验将得以进一步提升，而这会进一步激发人们的购买欲，让人们随时随地放心购买。

凭借在效率、成本、用户体验等方面的优势，智慧零售解决方案将逐步取代传统零售模式中需要人管理的职能，引流推广、促销转化、经营管理、用户运营等多方面的问题将得到有效解决，使零售回归到创造价值的本质中来，促使供应商、物流服务商、零售企业及广大消费者实现合作共赢。

随着人工智能迅猛发展及其在零售领域的广泛应用，零售企业的运营效率及精度将大幅提升，运营成本将不断下降，智能管理将逐渐取代人工管理，零售行业将进入智能零售时代。零售企业的智能化要做好以下三点。

一是顾客管理智能化。零售企业要以智能化的方式对顾客进行分析，精准定位，获取目标顾客，实现精准推送，对目标顾客的潜在需求进行深入挖掘等。

二是商品管理智能化。由于顾客需求越来越多，商品逐渐丰富，市场竞争愈发激烈，所以企业要用智能化的方法对商品进行管理，改变人工管理商品品类的方式，提升商品管理质量和效率。

三是供应链管理智能化。连锁零售企业必须面向消费者、销售门店构建供应链智能管理系统，提升供应链管理效率及企业经营效率，合理控制企业库存，降低供应链成本。

AI 零售：智慧零售时代的新风口

人工智能引领智慧零售新生态

从人工智能在零售领域的应用实践来看，智慧供应链、无人便利店、智能客服是当前几大应用热点，人工智能可以为零售业创造何种价值？在传统零售模式中，一家新实体门店的选址、面积、定价、库存、产品陈列等往往是由管理者根据自身的经验决定的，然而在数字化时代，我们可以利用智能算法制定更为合理的决策。

以图书为例，京东自营图书 SKU 有数十万，此前想要做好这些自营图书的管理工作（包括采购、入库、补货等）往往需要数百个采销人员，而在应用人工智能技术后，仅需要 12 个采销员便可完成这些工作，帮京东大幅降低了人力成本，提高了工作效率。

在消费升级背景下，用户对物流服务体验的重视提升到了新的高度。智慧零售模式中的智慧供应链将以用户需求为导向，从"人、货、场"零售三要素着手，利用信息技术，通过流程优化，输出涵盖商品管理、库存管理、协同计划、供应计划、年度经营计划、订单履约、自动补货等多场景的智慧解决方案，帮助上游企业建立科学决策体系，提高其运营管理水平。当然，打造智慧供应链需要建立强大的智能算法。

无人便利店也是零售企业探索的一个重点领域，亚马逊于 2016 年 12 月推出了无人实体商店 Amazon Go，充分利用深度学习、传感器、计算机视觉等高科技技术，让顾客无须排队付款，选完即走。进入 Amazon Go 中的消费者在智能手机上安装 App，在商店门口扫码验证身份后，便可在店内购物。

当顾客选到合适的商品并离开门店后，智能系统会自动结账收费，并将账单发送到用户的亚马逊账户中。国内同样存在大量无人便利店探索项目，比如，上海地区的欧尚、大润发门店上线 BingoBox，无人便利店 TakeGO 出现在 2017 芝麻信用大会中等。在 TakeGO 无人店中，用户可以用门店提供的扫手屏幕进行注册，成功注册后扫手进门，门店内部安装了摄像头与传感器，可以判断消费者是否购买了商品。在用户选购完并离开门店后，系统会自动结账并将账单发送到用户手机上（见图 4-2）。

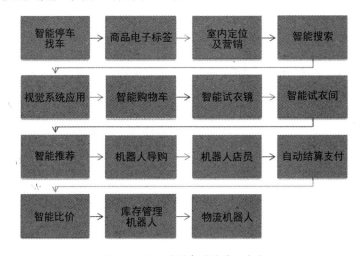

图 4-2　AI 时代的智慧零售新生态

以顾客在实体门店的购物场景为例，传统的数据分析可以让商家获取用户停留热点数据，而人工智能则可以对用户轨迹进行学习模仿，进而对用户购物行为与决策进行预测，让商家通过调整商品陈列、推出营销活动等方式迎合用户需求，提高经营业绩。

品质保障、物流体验良好的自营商品是京东沉淀大量忠实用户的关键所在，而自营商品的库存管理无疑是一项重要工作。目前，京东应用人工智能技术对用户未来一段时间内的需求进行预测，然后将相应数量的商品运送到全国各个仓储中心。

零售前端和用户直接接触的是超市、淘宝店、电商平台等诸多零售业态与丰富多元的零售场景，零售后端则是一套复杂的物流仓储体系，力争以较高的效率、较低的成本将商品交到用户手中。物流网络匹配商品和用户的效率高，则用户体验良好，运营成本也相对较低，所以，京东不惜投入巨资创建物流体系，阿里巴巴也积极成立菜鸟物流，其目的都是提高物流网络匹配商品与用户的效率。

零售业发展水平逐步提升，为人们提供了多元化的购物方式，使人们能够享受到多重感官刺激。而随着人工智能技术在零售领域的应用日渐深入，人们购物过程中更高层次的精神需求与情感需求有望得到满足，也为新零售模式发展注入了强大推力。诚然，传统零售企业在长期经营管理过程中也能积累大量顾客行为、商品销售等方面的数据，但对这些数据的利用能力严重不足。而通过人工智能技术却可以充分释放数据的潜在价值，帮助零售企业对顾客进行精准细分，对业务流程进行优化完善，为消费者提供更为个性化、人性化的优质服务。

阿里巴巴不仅通过旗下的淘宝、天猫掌握海量电商数据，更能通过支付宝、滴滴、微博、高德地图、优酷土豆等阿里系产品获得多元化的用户数据，应用人工智能技术对这些数据进行整合并深入分析后，将显著提高自身匹配用户与商品的能力，更好地指导合作伙伴采购、生产、定价、物流，降低商品流通成本，提高交易效率，为广大消费者提供更大让利空间，也提高了自身及合作伙伴的盈利能力。

基于人工智能的智慧门店变革

近年来，许多互联网科技企业都在线下渠道进行布局，具体如苏宁开设无人体验店、淘宝推出"淘咖啡"无人超市、腾讯建立智慧门店等，有效推动了新零售的发展。而新零售的发展有赖于科技的支撑，其中，人工智能的应用具有十分重要的意义。

通过线上渠道进行运营，可以获取用户的浏览、查询、评论、购买等行为数据，通过分析数据了解消费者需求，开展精细化运营与精准营销。在传统销售模式下，因为缺乏技术支持，线下渠道的实体运营无法做到这一点，也就无法挖掘用户数据中潜藏的商业价值，在与电商企业的竞争中处于劣势地位。

在互联网技术迅速发展的今天，线下门店也能利用大数据、人工智能等技术打造独立的智慧门店体系，获取数据。在具体操作过程中，实体门店借助包括物体检测、行为识别、人脸识别在内的人工智能视觉技术及信息网络技术，利用智能感知设备记录消费者的年龄、性别、店内行走路线、总体消费次数、选购的商品类型等相关数据信息，对进店顾客进行精细化管理。

随着人工智能在零售行业的应用，线下门店的进货方式、获客方式、场景打造等方式将被彻底颠覆，传统零售模式将发生重大变革。

（1）获客变革：有效获取与沉淀顾客数据

不少门店在长期经营过程中面临顾客积累困难问题，无法有效获取顾客的数据信息。传统实体门店的辐射范围有限，顾客复购率低，导致门店发展举步维艰。但线下门店具备导流功能，所以很多互联网企业都纷纷布局线下门店。

举例来说，某门店每日的进店人数为 200 人，以一年营业 300 天计算，不算重复客户，其顾客流量有 6 万人，如果是连锁店，其顾客流量更多。如果能够获取这些顾客的数据信息，就能通过数据分析提高顾客的留存率，另外，还能解决因员工离职、导购变换引起的顾客流失问题。

（2）场景变革：货架变成智能终端，广告机变成互动引流屏

近两年快速发展的无人零售店、自助货柜、无人货架拉开了传统零售改革的帷幕。运用人工智能技术赋予机器设备类似人类大脑的智慧功能，并将其应用于零售行业的终端，以智能终端代替实体门店的传统终端设备。

智能终端除了产品展示外，还能进行商品盘点与统计，提示供货等，降低了传统模式下对人工的依赖。与此同时，商家也转变了信息推广方式，利用智能交互设备在广告中添加更多互动元素。由此可以推测，新零售的发展将彻底改变传统的门店购物场景。

（3）体验变革：给顾客呈现"千人千面"的购物体验

对消费者的线下购物流程进行分析可知，顾客在线下的消费行为包括进店、逛店、选购、体验、支付、离店，这些行为会产生大量数据，导购员仅凭自身力量无法全面了解每个消费者的购物习惯、商品偏好。在大数据时代，商家可以利用大数据和人工智能技术，获取所有消费者的相关数据，对其进行精准分析，进而为消费者提供个性化的服务。

具体来说，顾客进店后，门店可以绘制顾客画像，通过广告设备有针对性地向顾客推送信息，保证推广的商品符合顾客的需求和偏好，能够满足顾客的个性化需求，从而帮助顾客节省在门店四处寻找商品的时间成本。顾客在选购商品的过程中，无须向导购员咨询相关信息，可以在智能货架上直接查看商品的详细内容，在对比分析之后制定消费决策。在支付环节，门店为消费者提供了自助结账和通过智能收银台扫码结账两种结算方式，消费者可自由选择。

（4）进货变革：精准预测，减少缺货滞销现象

一方面，新零售旨在对"人、货、场"进行数据化处理，据此对消费者的需求进行挖掘与分析。企业可以将运营过程中产生的数据和市场数据结合起来，对市场消费情况进行准确把握。以可视化方式展现门店数据，在数据处理与分析的基础上，预测商品消费趋势，对热销的产品及时补货，对滞销的产品进行调整，提高对数据资源的利用率。

另一方面，对顾客在店内的行走路线、在不同货架前驻足的时间进行分析，调整、优化店内的布局及商品陈列，将符合顾客需求及偏好的商品摆放在"黄金位置"，对于顾客关注度较低的商品，适当削减进货数量。

要发展新零售，就要对"人、货、场"的关系进行重构，通过协调、优化三者之间的关系来提高商品对用户的吸引力。具体来说，首先，就是以商品、顾客、体验、场景为中心实施变革，利用人工智能技术，促进人机交互，不断提升顾客的消费体验，让他们在购物过程中享受轻松、愉悦的氛围。其次，要以数据为参考对商家的运营方式进行调整与优化。最后，要将零售场景中的传统设备替换为智能感知设备。简言之，智慧零售就是要充分发挥数据的作用，通过创新形式、提高服务水平刺激顾客的消费需求。随着时间的推移，新零售的智能化水平将不断提高。

人工智能环境下的零售大数据

智慧零售是由数据驱动的，从技术层面来看，人工智能在各行业的应用需要海量数据资源的支持。比如，受无数科技巨头青睐的无人驾驶，从 2012 年至今，谷歌公司以 100 多辆自动驾驶汽车为目标，共计搜集了超过 170 万英里（约 274 万公里）的行驶数据；从 2014 年至今，特斯拉以 10 万多个配置计算机辅助系统的汽车为目标，共计搜集了超过 1.4 亿英里（约 2.3 亿公里）的行驶数据。当然，二者积累数据的效率之所以会出现如此大的差距，是因为无人驾驶汽车上路受法律法规约束，而配置计算机辅助系统的汽车则不存在这种问题。

零售大数据规模庞大、类型复杂，想要通过大数据提高智能水平，必须有一个学习的过程。近几年，人工智能之所以能够快速发展，和大数据技术取得重大突破存在直接关联。人工智能技术可以利用多层神经网络模拟人脑思考与决策过程，在海量数据资源支持下进行深度学习，正因如此，智慧零售才有了落地的可能。

大数据将会给零售业带来颠覆性变革，实体零售与电商都将在数据驱动下转型升级。在大数据环境下，消费者的个性化需求能够被商家精准获取，这个过程甚至不需要消费者直接参与，不会给用户体验造成任何不良影响。

智慧零售的落地也必然建立在与大数据场景相结合的基础之上，缺乏大数据支持，根本无法实现智能化。正如凯文·凯利所指出的，无论你身处哪个行业，你做的生意都可以归属为数据生意，客户数据的价值和客户本身同等重要，企业只有掌握足够的大数据，才能通过数据分析满足客户需要，并在效率与成本方面取得领先优势。

既然大数据具有如此之高的价值，那么对电商与实体零售获取并应用大数据的情况进行对比分析，对更好地推进智慧零售落地极有必要。不难发现，电商企业建立的各类信息系统、数据库、数据中心等能够实现对海量数据的实时搜集、分析及应用，而且通过这种方式搜集的数据具有相对较高的可靠性与精准性。但传统实体零售企业很难做到这一点，其数据搜集、分析与应用的时效性较差，成本较高，数据利用效率较低。

与此同时，移动互联网与智能手机的推广普及也使电商企业能够获取的用户数据有了大幅增长，这些数据不仅是购物数据，还包括出行、社交、娱乐、餐饮等各类数据，商业空间得到了极大拓展。而对于传统零售企业，虽然也有会员体系等渠道搜集用户数据，但数据规模较小、可靠性较低，数据应用能力也有待提升。

事实上，单一维度的数据能够创造的价值相当有限，如果能将物流、采购、营销、支付、售后、用户评论与用户本地化的生活数据关联起来，描绘立体化的用户画像，就能在更大程度上释放零售大数据的潜在价值。目前，阿里巴巴、京东、亚马逊等电商企业正在向这一方向努力，而实体零售企业的步伐略显缓慢，如果不解决这一问题，实体零售企业转型新零售就是空想，更难以在智慧零售领域布局。

场景与计算驱动的智能化实践

新零售追求更高的效率、更低的成本，无论传统零售企业，还是电商企业，在日益激烈的市场环境中，都需要实现提质增效，降低经营成本，但要做到这些并非一件易事，很多零售企业因为盲目转型陷入发展困境，零售智能化为这一问题的解决提供了有效思路。

零售企业智能化强调企业利用大数据、云计算、物联网、移动互联网等新一代信息技术，打造智能化、智慧化的经营管理场景，为企业建立完善的业务流程与标准，最终形成完善的智能化运营管理体系。

零售企业智能化绝非简单地体现在先进的技术及设备方面，比如，扫码付款、顾客在门店购物轨迹追踪等，更核心的价值体现在对经营管理模式改造升级、对传统流程及标准进行颠覆性革新等方面。当然，这一切都建立在对现代科技充分利用，对零售业发展现状及未来趋势进行精准把控的基础之上。

亚马逊、阿里巴巴、京东等电商巨头的智能算法定制推荐让用户眼前一亮，对提高转化率及客单价具有十分重要的价值。可以预见的是，未来，将会涌现出更多零售智能化应用，对企业价值创造带来更为广阔的探索空间。

无论是助力传统零售转型升级，还是打破电商增长困境，推进零售业智能化都具有极为重要的价值。此前，计算机技术的迅猛发展及深入应用，为连锁零售企业发展提供了强大推力，使跨区域经营管理变得更加高效，管理成本变得更低。如果没有计算机技术提供的强有力的支持，连锁零售企业很难实现长足发展。

不难发现，上一轮计算机技术在连锁零售企业的应用，更多集中在流程优化、取代人工记账、辅助企业管理等方面。而此次计算机技术在零售业的应用，将会给零售企业的方方面面带来深远影响。

一直以来，传统零售企业管理粗放、效率低下，给其发展带来了诸多不利影响，只不过由于早期市场增长速度过快，迅速增长的经营业绩掩盖了这些负面影响。在传统零售企业经营管理中，人的经验发挥着至关重要的作用，门店选址、品类管理、商品陈列、库存计划等都是根据人的经验决定。

在消费需求愈发个性化、多元化背景下，想要使消费者的消费需求得到充分满足，仅凭借人的经验远远不够，尤其对于线上线下一体化运营的新零售企业而言，运营管理的复杂性将显著提升，需要在利用人脑管理的同时，充分利用智能化、智慧化的虚拟大脑为企业决策提供有力支持（见图4-3）。

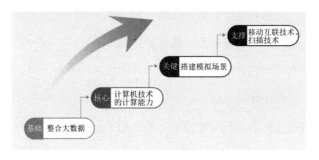

图 4-3 场景与计算驱动的智能化实践

（1）整合大数据是基础

大数据在智能化零售应用中将扮演着十分重要的角色，是智慧化零售应用的基础。智能手机、移动互联网等技术与设备的广泛应用，使零售企业可以低成本地获取海量数据资源，但这些数据无序、结构复杂，难以直接为企业创造价值。通过大数据技术对数据进行筛选、整合及深度处理，找到其背后的联系与规律，从而为企业价值获取提供有力支持。

当然，布局大数据需要巨额成本，很多中小零售企业财力有限，无力承担，只能选择和大数据服务商合作，支付少量租金，享受高质量的大数据服务。

（2）计算机技术的计算能力是核心

现阶段，利用计算机技术的计算能力，很多零售企业已经实现了对进、销、存流程的数字化管理。未来，在智慧化零售中，计算机技术的计算能力仍将扮演重要角色，帮助企业在场景多元、需求复杂多变的零售环境中获取领先优势。从技术角度来看，想要获取这种计算能力，零售企业需要在语言系统、技术结构、运行效率与质量方面取得进一步突破。

（3）搭建模拟场景是关键

搭建模拟场景是零售智能化落地的关键，不但要考虑企业战略规划、利益诉求，还要结合市场环境、消费需求。企业要对零售业发展的主流趋势产生清晰明确的认知，积极应用新技术、新设备，以前瞻性、战略性思维进行系统布局。从实践层面来看，对业务进行精细化管理，将其划分成一个个最小的业务单元，是搭建出科学合理的模拟场景最简单有效的手段。

（4）移动互联技术、扫描技术是支撑

目前，移动互联及扫描技术在零售业应用十分广泛，但这些应用目前仍处于浅层次阶段，在提升零售企业经营效率方面的作用相对有限。未来，想要实现智慧化零售，零售企业必须对移动互联网、扫描技术进行深入应用，充分发挥其连接零售三大核心要素——人、货、场的能力，为企业与企业、企业与消费者、消费者与消费者之间的实时交互提供强有力支持。

【案例】苏宁：智慧零售的行动路线图

基于用户生活半径的场景布局

零售数字化、智慧化将是零售业发展的主流趋势。近两年，国内电商与实体零售业从此前的对立竞争转向合作共赢，通过线上线下融合更好地为用户创造价值。作为智慧零售的积极探索者，苏宁智慧零售的掌舵者张近东在2017年3月的两会期间做了以"大力推动实体零售向智慧零售转型"为主题的发言，明确表示："未来零售是智慧零售。"

谈起零售模式转型，必然绕不开"人、货、场"三要素的重构，智慧零售在重构零售场景方面的价值尤其值得期待。未来的零售场景将会更加精细化、个性化、精准化，给消费者创造前所未有的极致体验。为了更好地推进智慧零售落地，2017年12月，苏宁提出了"智慧零售大开发"战略，确定了未来三年要开设2万多家门店和2000多万平方米商业实体的目标。

（1）围绕用户生活半径布局立体场景

线下搭建"两大一小多专"智慧零售业态集群。"两大"是指苏宁广场、苏宁易购广场，"一小"是指苏宁小店，"多专"是指苏宁易购云店、红孩子、苏鲜生、苏宁体育、苏宁影城、苏宁极物、苏宁易购县镇店、苏宁易购汽车超市等，这种庞大的智慧零售业态集群将为苏宁转型智慧零售奠定坚实的基础。

具体来看，苏宁广场和苏宁易购广场可以向消费者输出复合消费场景，依托苏宁强大的智慧零售科技为用户创造全新的体验；苏宁小店则扮演连接器角色，"5 分钟"内即可让商品触达消费者，同时，也为苏宁其他业务板块提供了融入消费者本地生活的绝佳载体；苏宁易购云店、红孩子、苏鲜生等专营店则迎合消费升级趋势，主打高品质、强交互。

（2）"智慧零售技术星象图"环绕用户

2018 年 3 月，苏宁公布了"智慧零售技术星象图"。在该图中，消费者是位于中心的"太阳"。也就是说，苏宁智慧零售业态星象系统是以消费者为核心构建的，根据和消费者之间的距离，为消费者提供个性化服务。

消费者处于 1 米范围内，可通过苏宁易购主站平台享受网络消费服务。

消费者处于 10 米范围内，可通过应用了物联网、语音识别、人机交互等高科技技术的苏宁小 Biu 智能音箱享受智能终端服务。

消费者处于 500 米范围内，可通过无人货架、智能货架、巡游机器人等智能零售设备与系统享受方便快捷的购物服务。

消费者处于 3 公里范围内，可利用苏宁小店、苏宁极物店、苏宁无人 Biu 店、苏宁易购县镇店等丰富多元的零售业态满足自己的个性化需求。

消费者处于 3 公里范围外，可通过苏宁云店、苏宁影城、苏宁易购生活广场等享受一站式购物体验。

苏宁智慧零售业态星象系统实现了对苏宁智慧零售业态的高度整合，不但能够让消费者随时随地购物消费，还能为消费者创造极致的购物体验，提高消费者的忠诚度，刺激更多口碑传播。

（3）做精单一门店提升场景转化

一方面，打造苏宁小店新场景。苏宁小店采用智慧零售便利店模式，基于场景定位对门店用户进行线上线下一体化运营，并为其提供智能化服务，具体实现策略为：利用"快消品＋生活服务类产品"组合培养用户的消费习惯，将苏宁小店打造成苏宁零售大生态中的一个重要流量入口。

在场景定位方面，苏宁小店对消费场景进行细分，确定店内、两公里内、两公里外三种消费场景，并根据 CBD、社区、大客流区等不同区域消费者的消费特性设计门店经营方案。在线上线下一体化运营方面，苏宁小店在线上将借助苏宁小店 App 与小程序让消费者在线购买、评论、反馈，在线下则依托苏宁实体门店为消费者提供扫码购物、门店自提、家政、生活缴费等多种服务。未来，苏宁小店将进一步发挥资源整合优势，引入金融、医疗、娱乐、数码办公等一系列服务，进一步强化苏宁小店的体验价值。

另外，为用户提供极致的服务体验。苏宁易购集团打造的精品超市"苏鲜生"根据人们的日常生活需求，将超市、菜市场、餐饮的运营结合到一起，进一步提高了人们的消费体验。

苏鲜生的货架上摆满了种类丰富的海鲜产品。因为生鲜产品的保质期都比较短，门店在为消费者提供生鲜产品的同时，还为消费者提供烹饪加工服务，消费者选购商品之后多支付一些费用，就能立即享受美食。

这种购物方式能够从两方面促进门店发展：一方面，延长消费者在店内的停留时间，提高消费者黏度；另一方面，消费者在等待食材烹饪的过程中很可能继续挑选产品，下单购买。也就是说，在短时间内，消费者就能完成生鲜产品的选购，并品尝美味，获得更优良的消费体验。

（4）打通会员体系实现场景互通

建立线上与线下多场景融合的会员体系，是转型智慧零售的重要基础和前提。打通会员体系实现场景互通，将从以下三个方面为智慧零售转型带来重大机遇。

打通会员体系，苏宁将获得多维度的用户数据，描绘立体化的用户画像，为满足个性需求的定制推荐提供必要支持。

线上线下流量相互转化，借助 LBS（Location Based Service，基于位置的服务）技术将线上流量转移到实体门店的同时，又可以借助代金券、扫码购买等将线下顾客转移至电商平台。

开展用户全生命周期管理，在销售商品之外拓展更多增值服务，实现用户价值最大化。

2017 年 8 月，苏宁在"苏宁 818 发烧节"来临之际推出新玩法，旗下各产业的 6 亿会员实现"一账通"。也就是说，如果某用户是苏宁易购的会员，将同时享受苏宁体育、苏宁金融、苏宁酒店、PP 视频等多元产业的会员权益，比如，去苏宁影城观看电影的顾客，可以通过苏宁各平台会员享受优惠。

基于技术的门店业务流程优化

2017 年以来，国内零售业态呈现出全新的发展特征，究其原因乃是国内创业者及企业对新零售模式的积极探索与实践。阿里研究院将新零售定义为"以消费者体验为中心的数据驱动的泛零售形态"，发展新零售需要通过引进新技术，实施流程与体系再造，实现线上线下一体化运营，无人便利店、超级体验店等新零售业态皆为典型代表。

苏宁智慧零售模式将充分利用云、大数据、云计算、物联网、人工智能等高科技技术，对线下实体零售业态运营管理进行改造升级。同时，苏宁不断扩大产业边界，开展跨界合作，构建出庞大的智慧零售生态。

（1）"五智"改造零售核心环节

发展智慧零售必然需要利用人工智能技术对零售各环节进行智能化改造升级，苏宁在这方面的探索可以概括为"五智"：①通过用户画像分析及商品消费模型开展商品定制采购；②实现销售自动化、智能化；③通过"门店前置仓＋短距离配送"组合快速对接消费者；④实现服务可视化，并建立反馈体系；⑤商品数字化，让消费者足不出户就能真实地体验商品。

现阶段，苏宁已经将人工智能技术应用于多种智慧零售场景，比如，苏宁无人快递车"卧龙一号"、苏宁人工智能客服"苏小语"和"Sunny"等。2017 年 8 月至今，苏宁在多个城市开设了无人店，进入这类门店后，顾客可以刷脸验证、支付，进行颜值测试，享受大数据推荐等，这些创新玩法让很多消费者眼前一亮，对苏宁发展智慧零售产生了重要的推动作用。

以苏宁 Biu 店的刷脸支付为例，这个无人店项目运用面部识别技术，让用户提前在苏宁指定的移动端应用上传脸部的特征信息。消费者进入苏宁 Biu 店购物，就能实现刷脸支付。具体来说就是，用户在进店时面向摄像头，选购结束后再次面向摄像头，就能完成支付操作。即便用户用帽子遮住一部分脸，或者故意在镜头前搞怪，也不会对识别结果造成不良影响。

通过这种方式，用户可以减少对手机的依赖，推动传统支付领域变革。使用手机支付时，用户需要先拿出手机，然后打开 App，还要输入支付密码。相较之下，刷脸支付更加简洁高效，能够快速完成支付操作，在很大程度上提升了用户的消费体验。

（2）云计算协调八大业务系统

和物联网、大数据、人工智能技术一样，云计算技术也是当前世界范围内的热点领域，未来，它将深刻改变人类社会的生产生活。苏宁积极构建云生态体系，为其以零售为核心的八大业务系统安全、稳定、高效运行提供强有力支持。该体系赋予苏宁业务系统急速部署、性能稳定、高拓展性、智能管理、实时交易等诸多优势。

（3）200 个数据产品支撑决策

在多年发展的过程中，苏宁积累了海量的用户数据。在数字时代来临之际，苏宁充分利用这些数据开发了近 200 个智慧零售数据产品。比如，面向采购环节的鹰眼、诸葛大师，面向销售环节的金矿、神鉴、烽火台、聚宝盆等，面向 C 端用户的身边苏宁、VR 易购、全景购物等，能够为苏宁及合作伙伴决策提供强有力的支持。

基于合作伙伴的智能供应体系

智慧零售时代，传统"产—销—用"的供应链模式将被"用—销—产"模式所取代，品牌商可以从平台获得的价值不再局限于渠道价值，尤其是平台提供的智能化供应链服务将使品牌商的价值创造能力得到显著提升。

（1）用数据抓取用户需求实现 C2B 定制

苏宁智慧供应链模式将由消费驱动生产，厂商根据消费需求定制生产产品与服务，也就是采用 C2B 定制模式，让消费者参与产品设计，通过大数据分析优化产品细节，确保产品能够解决用户痛点。

2016 年国庆期间，苏宁易购和惠而浦共同推出了搭载香薰功能模块的香薰空调，空调运转时可以自动释放精油香氛，具有净化空气、缓解疲劳、安神助眠、调理情绪等功能。该款空调上线后受到了消费者的热捧，仅几天时间销售额便突破亿元大关。

2017 年 3 月，苏宁和美的通过数据分析定制生产的全自动变频滚筒洗衣机销售近 2 万台。消费者持续的购买热情让很多门店甚至出现了断货现象。

2018 年，借助世界杯带来的体育热点，苏宁充分利用 PP 体育、苏宁文创等体育资源，和倍科、海信等家电企业合作推出巴萨定制款冰箱等个性化产品，在取得高销量的同时，更让苏宁及其合作伙伴的品牌影响力得到了显著提升。

彩电产品为苏宁和品牌商合作探索 C2B 反向定制模式提供了有效载体，苏宁利用自身积累的 6 亿会员大数据，为品牌商产品设计、定价、营销等提供指导。同时，苏宁充分发挥自身拥有的中超、亚冠、欧洲五大联赛等体育资源优势，在一线彩电品牌硬件中为用户提供专属内容，全方位满足其内容需求。此外，苏宁和三星、康佳、TCL三大知名品牌商合作，推出的国米定制版电视也取得了较高销量。

C2B反向定制供应链模式的价值已经在诸多案例中得到充分体现，随着苏宁和品牌商合作步伐日渐加快，将为消费者推出更多优质的个性化商品，在满足用户需求的同时，也使自身获得更高的利润。

（2）智能供应链服务向合作伙伴赋能

随着苏宁智慧物流不断发展，供应链上游也将享受到苏宁智慧物流创造的独特价值。苏宁秉承"合作共建、共创共享"的理念，从传统渠道商转变为供应链基础设施服务商。具体来看，苏宁将从以下四个方面来向合作伙伴赋能：①建立以智慧仓储和精准配送能力为核心的服务生态；②建立以多渠道、全链路、精准预测为主导的数据生态；③建立以全流程自动化为目标的技术生态；④建立以供应链流程创新与再造为中心的管理生态。

据苏宁官方公布的数据，2017年苏宁新引入开放平台商户近8000家，涵盖了日用品、母婴、电子产品等诸多品类，开放平台的年度销售额达到了292.36亿元。

基于商家的智慧零售解决方案

在传统零售时代，一、二线城市中的百货、商超、购物中心等大型零售集团拥有极高话语权，消费者，尤其是三、四线及以上城市消费者的个性化需求被长期压制，而中小零售企业受制于资金、技术、管理等因素，为消费者创造价值的能力比较有限。电商崛起后，传统零售受到了强烈冲击，随着新零售模式不断崛起，线下实体零售的价值被充分肯定，三、四线及以上城市市场成为零售企业竞争的新战场。

国家统计局发布的数据显示，2018 年我国社会消费品零售总额达 38.1 万亿元，同比增长 9%，其中，城镇同比增速为 8.8%，农村同比增速为 10.1%，这与三、四线及以上城市市场崛起的趋势高度吻合。

2016 年年底，苏宁启动了开拓三、四线及以上城市市场的零售云项目，通过加盟店直营化管理模式为广大中小商家提供智慧零售解决方案，帮助其进行全场景数字化重构。具体来看，苏宁零售云项目的价值主要体现在以下几个方面：①借助零售云平台，苏宁能够快速实现渠道下沉，获得更多零售市场份额；②广大中小商家等合作伙伴可以借助苏宁在品牌影响力、供应链管理、物流服务等方面的优势，提高自身的市场竞争力；③帮助三、四线及以上城市解决零售专业水平较低、服务意识缺失、物流等基础设施不完善等痛点，助推产业和消费"双升级"。

未来苏宁将会从三个方面加快零售云战略落地：其一，苏宁将充分利用"＋品类"和"＋渠道"，实现线上品类和线下零售场景的精准对接，实现零售业态的转型升级；其二，苏宁将通过开放性的智慧零售技术解决方案赋能行业企业，提高资源整合能力；其三，苏宁将利用全产业资源开放共享，和更多的优质合作伙伴建立智慧零售命运共同体。

张近东在 2017 年"两会"上发言时给出了智慧零售的定义："智慧零售就是运用互联网、物联网、大数据和人工智能等技术，促使商品、用户、支付等零售要素实现数字化，促使采购、销售、服务等零售运营实现智能化，以更高的效率、更好的体验为用户提供商品和服务。"

目前，苏宁在智慧零售领域的探索尚处在初级阶段，实际情形与定义中描述的场景存在较大差距，但在富有探索精神的苏宁人的积极实践下，苏宁智慧零售转型未来可期，国内零售企业应该从实践案例中总结经验，降低自身在智慧零售转型方面的试错成本，争取在智慧零售风口中分一杯羹。

第 5 章

社区新零售

赋能本地生活服务圈

新零售环境下的社区便利店运营

社区便利店的发展现状与特点

电子商务的崛起，在大幅提高流通效率的同时，还有效降低了流通成本，和人们生产生活存在密切联系的零售业也因此受到了剧烈冲击。而社区便利店以其方便快捷、人力物力成本相对较低的优势，销售额不但没有下滑，反而持续增长。但我们也应该认识到，随着电商及物流等配套产业不断成熟，传统社区便利店的发展前景也不容乐观。

近几年，万达、万象城等购物中心愈发完善，在满足人们购物需求的同时，还为消费者提供社交、娱乐、餐饮等各类服务。阿里、京东等电商巨头不断完善平台建设，致力于为用户提供方便快捷的极致购物体验。在这种情况下，社区便利店业态应该如何定位？在线上线下的冲击面前，如何将挑战转化为机遇，赢得广大消费者的认可与信任？

下面，我们在对传统社区便利店行业发展现状及经营过程中存在的问题进行系统分析的基础上，为电商时代传统社区便利店经营模式创新提供一个行之有效的方案。

（1）社区便利店行业发展速度快

功能单一的百货商场的发展陷入困境，企业的盲目扩张带来了严重的同质竞争与价格战问题，土地、租金、人力成本不断增长，再加上电商的强烈冲击，导致很多企业不得不关闭部分门店。此时，社区便利店的经营成本低、贴近消费者等优势愈发突出，吸引了大量创业者及企业入局。

在零售业整体增速持续下滑、毛利不断降低的背景下，社区便利店业态逆势增长，增速高居零售业态增速排行榜榜首。商务部公布的数据显示，2016年中国传统零售业态销售额同比增长仅为 1.6%，超市、专业店、大型超市增速分别为 1.9%、2.9%、1.8%，而社区便利店增速高达 8%，已连续多年位居增速排行榜榜首。

（2）社区便利店的市场竞争环境

社区便利店的蓬勃发展，吸引了电商巨头、传统实体零售企业的高度关注，为了在庞大的中国社区便利店市场中占据一席之地，国内外零售企业纷纷入局。法国零售巨头家乐福将其便利店品牌"Easy Carrefour"引入中国市场，华润万家成立便利店品牌"VanGo"，德国零售巨头麦德龙成立便利店品牌"合麦家"，大润发成立便利店品牌"喜士多云超市"等。

电商巨头在国内便利店市场同样投入了大量资源，亚马逊和全家达成战略合作，在后者位于上海的上百家便利店中为顾客提供自提服务。阿里和京东分别建立了社区便利店品牌天猫小店、京东便利店。需要注意的是，电商巨头出于成本考虑，线下门店布局主要以加盟合作方式为主，并没有选择重资产型的自营模式。

零售巨头凭借在采购量、物流运输效率与成本等方面的优势，在和供应商议价时享有更高的话语权。当然，其庞大的顾客群体，也能为其便利店布局带来诸多优势。

（3）消费者需求的新变化

事实上，零售行业各业态发展转变的本质是消费需求的持续变化。改革开放后，计划经济向市场经济转变，生产力大幅提升，购买力不断增长，人们长期被抑制的消费需求集中爆发，百货商场和超市凭借品类齐全、购物环境优良、交通便利等优势赢得了广大消费者的青睐，实现了迅猛发展。

随着互联网的迅速推广普及，电商产业的不断完善，再加上人们的生活节奏日渐加快，人们没有足够的时间和精力逛街购物，所以更愿意在休闲娱乐方面投入更多成本。而超市和百货商场则因需要排队付款、商品严重同质化、中间环节过多导致商品价格过高等，陷入了发展困境。

社区便利店贴近人们的日常生活，熟人社交更容易建立起信任关系，而且很多便利店还提供快递代收、生活缴费、免费 Wi-Fi、票务服务等多种便民服务，充分迎合了社区居民追求更高生活质量的消费需求，有力地推动自身不断发展壮大。

社区便利店经营中面临的问题

社区便利店经营中面临的问题主要包括以下方面。

（1）经营同质化

很多社区便利店是从超市转型而来，仍在沿用传统超市的经营模式与管理方式，在经营水平和效益方面和 7-11、罗森等便利店巨头存在较大差距，同质化竞争问题尤为突出，提供的商品主要是社区居民需求较为集中的食品、日用品等，并根据社区居民的消费水平对产品品类及品牌进行调整，商品陈列及门店布局难以实现差异化竞争。

未来，社区便利店想要继续保持较高增速，必须充分分析社区居民的个性化、多元化消费需求，拓展更多的增值服务，在满足消费者消费需求的同时，带给其良好的购物体验，逐渐与之建立良好的信任关系，沉淀出一批忠实粉丝。

（2）便利性缺乏

社区便利店提供的便民服务应成为该业态的独特优势，这也是社区便利店不断发展壮大的关键，但很多便利店商家思维模式落后，不愿付出额外成本，无法为社区居民提供方便快捷的便民服务。比如，社区便利店没有采用7天×24小时经营模式，家政、洗衣、外卖、送货上门等服务鲜有涉及，丧失了社区便利店最基本也是最为核心的便民服务优势。

（3）管理混乱

我国社区便利店以夫妻店为主，统计数据显示，现阶段，中国便利店数量超过680万家，而品牌连锁便利店仅不到10万家，夫妻店占据了极高的比重。夫妻店经营者受教育水平普遍不高，对管理运营缺乏足够重视，对消费需求把控能力严重不足，无法为社区居民提供个性化的商品。同时，社区便利店的信息化程度较低，不能及时获取消费者提供的反馈信息，难以对门店的商品品类、商品陈列、门店布局、经营管理等进行优化调整，影响了消费者的购物体验。

（4）缺乏物流优势

社区便利店经营面积相对较小，销售的商品品类有限，同时，仓储配套设施不完善，再加上商品以消费频率较高的食品、日用品为主，给物流配送带来了较高的挑战。大部分便利店在高科技技术及设备方面的投入不足，信息系统建设滞后，难以通过和供应商的高效联动为消费者提供满足其个性化需求的优质产品及服务，给门店经营管理带来了诸多负面影响。

社区新零售的商业定位与运营

最近一两年，社区便利店发展迅猛，受到越来越多的关注和追捧，甚至被很多业内人士视为零售领域的新"风口"。且不论这种观点是否准确，社区便利店确实展现出日益强大的生命力，成为新零售背景下零售业和房地产企业转型升级的必然选择：不论零售业的"零售＋互联网"转型，还是地产企业的"地产＋服务"新模式探索，都将社区商业作为重要的布局内容。

下面我们对新零售时代下社区便利店定位、运营等方面的新变化进行具体分析，以便为各方布局社区便利店提供有益启发和指导。

互联网时代的到来对以往的社会、经济、文化、科技等各方面都造成了巨大冲击，推动这些领域不断变革、转型、升级。近两年，社区便利店的迅猛发展正是实体零售业基于互联网转型探索的一种表现，是未来非常重要的一种实体零售形态。

顾名思义，社区便利店是为城市社区服务的一种商业形态，也叫邻里商业，是新常态下实体零售业发展布局的重要内容。目前，不论是阿里巴巴、腾讯、京东等线上巨头，还是家乐福等传统零售商，都在着力布局社区商业，积极探索社区商业的有效模式和路径。不过，从目前的形势看，社区商业虽然发展迅速、前景广阔，但在政策、规划、经营等方面还存在诸多不足，并最终体现为消费者体验上的痛点，因此需要各方不断探索创新、优化完善。

相关研究指出，在一个成熟的零售服务市场中，社区商业消费在整体商业中的占比通常为 60% ~ 70%，便利店广阔的发展前景吸引了各方进入。目前，众多零售商、地产商对社区中的便利店、精品超市、社区购物中心等实体零售业态的发展持乐观态度。

在传统商业时代，社区便利店的服务半径大多不超过 500 米，其目标消费群体或服务对象是小区内部和周边相邻小区居民。根据服务范围的差异，便利店可分为外向型便利店、中间型便利店和内向型便利店三种类型。

根据国家相关政策，我国零售业态有 17 类，其中实体店铺零售业态包括食杂店、百货店、便利店、专业店、折扣店、专卖店、超市、家居建材商店、大型超市、购物中心、仓储式会员店、工厂直销中心 12 种业态；无店铺零售业态包括电视购物、邮购、网上商店、自动售货亭、电话购物 5 种业态。

随着互联网整体商业生态的优化成熟，这种传统的零售业态分类不再适用。不断涌现的各类零售新物种颠覆了传统的店铺零售模式，如传统的自动售货亭与当前备受关注的无人零售店模式有很多相同之处，后者是对前者的变革升级；电视购物、邮购、电话购物、网店等无店铺形态逐渐融合，难以进行明确区分。

在新零售时代，社区便利店成为最具创新力和开发前景的零售形态，因此不能再按照传统店铺的思维或者单纯的网络商业思维进行定位和运营。传统的社区便利店定位涉及地段、商圈、建筑及其衍生因素，如住宅数量、业主身份等，这些因素对传统零售时代的社区便利店发展有着巨大影响。

随着新零售概念的广泛传播和探索实践，社区便利店的"游戏规则"也需要调整变革。能否为社区提供更多配套服务、为居民提供更多良好体验，成为影响社区便利店发展成败的关键。换句话说，在体验经济时代，以往单一的商品价值将让位于围绕用户的综合体验价值。

虽然在具体的创新探索中，一些社区便利店模式陷入"叫好不叫座"的尴尬局面，但社区便利店依然是最具创新想象空间的新零售业态之一，迎合了大众的消费升级需求，受到线上线下众多企业的高度关注和追捧。社区便利店新形态的探索创新也成为各方布局新零售的重要路径。

社区新零售的经营与创新策略

社区新零售的经营与创新策略包括以下方面。

（1）强调互联网技术在社区商业的渗透应用

新零售注重线上和线下的有机融合，社区商业则成为新零售实践创新的最佳"试验场"。零售业者积极利用互联网技术变革重构传统社区商业形态，通过互联网商业、移动购物等线上零售与实体零售的深度整合，构建社区商业核心竞争力，拓展其价值想象空间。

这方面的典型代表当数盒马鲜生。作为对新零售业态的探索实践，盒马鲜生通过对线下超市的颠覆重构，将传统的超市、餐饮店、菜市场等多种商业场景融合在一起，为用户提供购买、烹饪、享用美食一体化的便捷购物体验。

盒马鲜生多位于居民聚集区，消费者既可以直接到店购买，也可以通过盒马 App 线上下单。快速配送是盒马鲜生的一大优势，门店半径 3 公里内 30 分钟送货上门。在支付方式方面，盒马鲜生当前只支持支付宝付款。

依托阿里巴巴的有力支撑，盒马鲜生还为消费者提供会员服务，消费者直接使用淘宝或支付宝账户进行注册后，可以从附近的门店中查看、购买商品。未来，盒马鲜生还将利用大数据技术追踪、分析用户的购买行为，更有针对性地向用户推送产品，为其提供有价值的建议。在目标消费人群方面，盒马鲜生的目标消费者可分为三类：晚上大部分时间待在家里的家庭用户，"驻扎"在办公室没有太多时间购物的白领，周末喜欢逛超市并带着孩子出去的用户。

盒马鲜生虽然提供线上下单和快速配送服务，但其选址布局的首要因素还是靠近社区。目前，盒马鲜生门店主要分布在居民消费能力较强的大型社区附近，因此盒马鲜生其实是基于新零售理念的社区商业的创新形态。

作为阿里巴巴探索实践新零售的一个新物种，盒马鲜生自上线运营以来就备受关注，其市场反响和经营效果也比较理想，不断在多个城市加快布局。

（2）注重社区商业的独立创新

相关统计数据显示，当前我国社区总面积为 257 亿平方米，社区数量和城镇社区居民规模分别为 18.33 万个和 7.7 亿人。各个社区在人口结构、消费能力、消费习惯等方面存在较大差异，要求社区商业具有更强的适应性和多样性，注重独立创新，以便为社区居民提供更优质的产品和服务体验。换言之，社区商业经营只有不断加大业态创新、技术创新力度，充分满足多元化、个性化的社区居民需求，才能获得更大的生存发展与价值想象空间。

另一方面，随着越来越多线上线下企业进入，社区商业服务体系也在加快转型。比如，某零售机构背靠国企资本的支持，以社区和社区居民为服务对象，将互联网、云计算、大数据等先进技术融入社区商业，打造了一个线上线下一站式社区共享服务平台，为周边社区居民提供便捷多样的生活服务，覆盖了门店半径 1.5 公里内的所有社区。

在向新零售社区服务商转型过程中，传统实体零售的一大难点是"联网"困难，聚焦于垂直领域的服务商的痛点则是难以满足社区居民丰富多样的综合性需求。对此，一个有效的解决方案是开发一个具有多种功能的 App，以此为基础整合协调线上线下资源，搭建一个为社区居民服务的社区共享智能平台，让居民足不出户就能获取各种产品和服务，重塑社区居民的日常生活，带给其更加便利的生活体验。

（3）丰富功能配套，合理跨界搭配

社区商业主要是为社区居民服务，因此不能局限于超市、便利店等业态，而应积极运用创新思维和跨界思维，通过合理跨界搭配，不断丰富社区商业的功能配套，完善服务内容和手段，从而充分满足社区居民吃、喝、玩、乐等各种日常生活诉求。

比较典型的案例是贵阳万科生活汇，它不仅能为社区居民提供餐饮、超市、美容美发、教育等各种形式的生活服务，且每种服务业态的选择也十分丰

富多元。比如，在餐饮方面，贵阳万科生活汇既有正餐也有轻食，口味上除了贵州本地的麻辣、酸汤，还有云南风味小吃、潮汕口味美食以及奶茶店、面包店等多种类型的店铺。

另一个在社区商业运营方面比较成功的是广州万科商业。与传统购物中心追求"过客式消费"不同，万科商业更加注重通过与居民的深度持续沟通与交互增强人们的消费黏性，与消费者建立情感连接，最终通过构建体验型商业占据年轻消费者除家庭、工作、学习之外的时间。

在社区商业业态配置方面，万科社区购物中心围绕居民青睐品质消费而又希望节约时间的诉求，在进行品牌筛选和引进时坚持"省时省事""高质量不将就"和"增加幸福感"三个原则。在品牌配置方面，主流品牌、差异化品牌、新锐品牌分别占 50%、30% 和 20%，充分满足了不同社区居民的个性化需求。

社区电商时代的便利店创新路径

我国社区电商发展趋势与特点

电商无疑已经成为当下的一种主流业态，随着"互联网 +"在传统领域的不断渗透，越来越多的传统企业开启了互联网化转型升级，而服务广大民众本地化生活的社区电商更是进入了快速发展期。

近几年，商务部出台了多项利好政策推进社区电商快速稳定发展，比如：《2015 年电子商务工作要点》《"互联网 + 流通"行动计划》等，明确提出鼓励电商企业对现有社区便民设施进行整合及应用，完善电商配套服务，鼓励物业服务企业发展面向广大社区居民的电商增值服务等。

（1）社区电商的发展形态

各种垂直领域的社区电商服务 App 层出不穷，极大地方便了人们的日常生活与工作。极光大数据发布的研究数据显示：2017 年，中国移动网民日均花费在手机各类 App 中的时间为 4.2 小时，其中，美团、饿了么、滴滴出行等本地化生活服务 App 表现相当抢眼。

首先，应用百花齐放。

社区电商作为一种垂直业态虽然起步较晚，但发展颇为迅猛，形式层出不穷：在服务方式层面，线上和线下充分结合，消费者可以根据自身个性化需求选择购买、支付及配送方式。在服务内容层面，既提供百货等实物商品，又提供家政、美容、洗车、送餐、信息资讯等各类服务。在平台建设层面，部分商家选择自建平台，部分商家选择入驻第三方平台。在运营主体层面，存在房地产商、物业公司、互联网企业、零售企业、物流企业等各类企业。在实体店布局层面，有的选择和社区便利店合作，有的租用物业公司办公场所，有的则是单独开店等。

其次，企业纷纷布局。

凭借区位优势，社区电商可以有效解决最后一公里配送问题，客流量也相当庞大，具有十分广阔的发展前景，传统电商、零售企业、物流企业等纷纷加快布局，在实体店和自提柜等方面投入了大量资源。快递巨头顺丰的顺丰优选社区店已有数千家。2017 年 8 月，阿里巴巴首家社区服务项目天猫小店正式营业，在其公布的数据中，未来一年，阿里巴巴在全国范围内开设了上万家天猫小店。

再者，广泛建立合作。

为了构建核心竞争力，社区电商企业普遍选择多方合作的形式，实现优势互补。阿里巴巴的天猫小店以品牌授权的方式招募加盟商；京东的百万便利店计划也采用加盟合作方式，用户在线下单后，由附近的便利店负责配送，显著提高了配送效率。

最后，受到资本追捧。

虽然社区电商正处在初级发展阶段，商业模式、运营管理等方面亟须改进，但其广阔发展前景已经得到了业界的充分认可，各路资本方纷纷入局。2016 年年底，e 袋洗完成 B+ 轮融资，立白集团、润都集团等资本方投入了数亿元。几乎同一时间，爱鲜蜂完成数千万美元 D 轮融资。2018 年 4 月，阿里巴巴联合旗下的蚂蚁金服以 95 亿美元天价全资收购饿了么。

（2）社区电商的运营特点

在新零售时代，社区电商的运营同样采取线上线下相结合的方式，这有助于线上线下优势互补。在线上，消费者可以直接下单付款，对订单状态进行实时查询；在线下，消费者可以在实体店体验产品及服务，获得售后保障。社区电商在为传统社区便利店提供新的发展机遇的同时，也为传统电商增速下滑、流量成本不断攀升、服务体验不佳等问题提供了有效的解决方案。

一是商品以日用品和生活服务为主。

面向社区居民的个性化消费需求，社区电商能够为其提供丰富多元的商品和服务，比如食品、日用品、家政、美妆、外卖等。因为与广大顾客之间存在密切联系，所以社区电商能够刺激顾客重复购买，提高顾客体验，积淀一批忠实粉丝。

二是价值链合作成为趋势。

社区电商产业链较长，存在很多值得深度发掘的细分市场，为广大创业者及企业提供了广阔的发展机遇。当然，想要拓展社区电商的市场规模，还需要多方深入协作，充分整合各种优质资源，打造共创、共享、共赢的社区生态。

从实践来看，现阶段，社区电商产业链参与主体主要有居民、便利店、平台运营商、商品供应商、物流公司、物业公司等，而部分企业会同时扮演多种角色，比如，从顺丰嘿客转型而来的顺丰优选社区店，同时扮演物流、实体店、平台运营商等多重角色。

三是平台赢利方式以商品销售为主。

现阶段，社区电商平台赢利模式尚不清晰，商业模式有待完善，社区电商玩家的利润来源主要包括商品销售、会员费、增值服务、物流抽成、广告费等。其中，商品销售占据了较高比重，销售的商品既包括自有商品，也包括代理商品。从长期来看，未来社区电商平台的主要利润来源将是各种增值服务。

我国社区电商模式的发展优势

社区电商围绕现有社区进行拓展，社区在人流量方面具有明显优势。随着社区不断发展，社区商业日益完善，在电子商务的加持下，社区的商业价值更将被深度发掘（见图 5-1）。

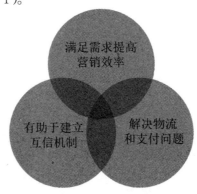

图 5-1 社区电商模式的发展优势

（1）满足需求，提高营销效率

社区居民群体相对稳定，消费习惯比较相似。同时，社群居民的购物消费以日用品及生活服务消费为主，消费频率较高，重复购买意愿较强，容易形成较高的用户忠诚度。

所以，社区商家通过对社区居民的消费需求进行深入分析，可以高效精准地为之提供满足其个性化需求的营销内容，在降低营销成本的同时，提高营销效率。需要注意的是，社区实体店是社区电商中的重要一环，它能够为社区居民提供优质的服务体验，搜集居民反馈信息，培养社区居民使用移动支付、移动电商 App 的习惯等。

（2）解决物流和支付问题

社区电商用户集中分布在社区内，便于集中配送，能够有效提高物流效率。社区电商通过和社区便利店合作，可以有效解决最后一公里配送问题，既可以为居民送货上门，也可以让居民到便利店自提。同时，社区电商的支付方式也十分多元化，线下可以选择现金、刷卡支付，线上可以选择扫码支付、在线下单支付等。

（3）有助于建立互信机制

社区电商强调线上线下深度融合，从实体和虚拟两个维度与居民交流互动，有助于让双方建立良好的信任关系，而且社区实体店可以为居民提供方便快捷的售后服务，避免了纯线上交易造成的不信任感。随着社区文娱、健康等基础设施不断完善，社区居民之间的交流互动也更为频繁，这就为社区电商产品及服务的口碑传播带来了诸多便利。

社区电商在我国拥有广阔的发展空间。近几年，我国城镇化建设进程日渐加快，社区发展呈现出规模化、集聚化的趋势。O2O、移动电商发展速度极快，有助于培养消费者线上线下相结合的社区电商消费习惯。

此外，人们的购买力不断提升，对购物便捷性的要求越来越高，对购物中心的依赖越来越低，在此情况下，贴近人们日常生活的社区商业成为主流的商业业态。具体来看，推进社区电商发展的价值主要体现在以下五个方面：①社区电商满足了人们的本地化购物需要，能够提高人们的生活质量，带给人们更多幸福感；②社区电商进一步激发了人们的消费需求，有效扩大了内需；③社区电商推动了社区商业日趋完善，提供了大量就业岗位；④社区电商丰富了电商业态，对打破传统电商发展困境，推进"互联网+"在社区商业领域的落地产生了强大推力；⑤社区电商能够有效推动传统物业公司转型升级，给广大社区居民带来丰富多元的便民服务。

现阶段，国内社区电商发展时间相对较短，规模相对有限，商业模式尚未成熟，产业链存在广阔的探索空间，人才缺失问题也尤为严重。想要解决这些问题，不能单纯地依靠创业者及企业的力量，还需要国家通过顶层设计制定清晰的战略规划，出台更多利好政策。

线上延伸：整合各方优势资源

整合各方优势资源具体包括以下方面。

（1）O2O模式，双线发力

在新零售时代，转型O2O模式成为各零售企业的必然选择。在这方面，社区便利店可以依托线下门店积极发力线上渠道，通过入驻电商平台、自建商城、开发小程序等方式为消费者提供丰富多元的优质产品，为消费者提供全渠道一站式购物体验。

通过发展O2O模式，社区便利店可以让白天需要学习工作的社区居民在碎片化场景中通过智能手机、平板电脑、PC等设备在线下单并完成支付，回家时可以凭订单号或扫描二维码在便利店取货。在休息日，如果社区居民不愿意出门采购商品也可以在线下单，享受社区便利店提供的方便快捷的送货上门服务。

社区便利店以线下门店为依托，为社区提供良好的服务，同时提高了社区居民的消费欲望。同时，社区便利店可以和电商平台合作，为社区居民提供快递代收服务，有效解决电商平台最后一公里配送问题。而电商平台可以为社区便利店的经营管理提供数据支持，通过分析社区居民在电商平台的购买、浏览、评论、购物车等各类数据，帮助社区便利店对产品品类进行优化完善。

当然，出于控制成本方面的考虑，社区便利店在为社区居民提供送货上门服务时，可以分时段收取配送费，比如，工作日晚上 6 点到 11 点半、周末早上 6 点半到晚上 11 点半免费，其他时间段收取一定的费用。

（2）供应链整合，跨界合作

自由、开放、共享的互联网时代为创业者及企业提供了广阔的发展机遇，社区便利店可以利用互联网提高供应链整合力度，解决信息不对称问题，选择真正适合自己的供应链合作伙伴。

比如，社区居民热衷于购买绿色有机农产品，社区便利店就可以通过互联网与优质农产品生产基地或种植大户合作，为社区居民提供特色的农产品直供服务。社区居民可以通过线上渠道在线预订农产品，保障农产品的新鲜度。

此外，未来，随着社区商业生态不断完善，社区便利店将成为一个社区的流量入口，届时，社区便利店的主要业务不再只是销售商品，还包括提供各种增值服务，获得更多利润。而社区便利店的入口属性将会帮助其整合各种业态，为其创造更多新的利润增长点。

据媒体报道称，日本迅销集团（旗下拥有优衣库品牌）和连锁便利店品牌罗森尝试合作，将后者作为网购优衣库的自提点。如果双方能够达成合作，消费者在线上购买的优衣库产品将被配送到其居住地附近的罗森便利店中，消费者可在空闲时间凭取货码进店取货。

同时，部分优衣库的热销商品可能会被引进罗森便利店，满足消费者的购买需求。当然，未来还会涌现出更为丰富多元的社区便利店跨界玩法，在方便社区居民购物消费的同时，也将为社区便利店及其合作伙伴带来相当可观的利润回报。

（3）大数据应用，发掘新产品

亚马逊、京东、阿里巴巴等电商巨头已经将大数据应用到了经营管理中，而且取得了颇为良好的实践效果。大数据可以在对海量多元数据进行深入分析的基础上，为零售企业的运营管理决策提供有力支持。

对于社区便利店来说，目前，单个商家直接引进大数据的成本相对较高，可操作性较差，更为可行的方案是和专业的大数据服务商合作，这样可以以较低的成本获得更加优质的大数据服务，为自身产品及服务创新提供有效指导与帮助。

社区便利店贴近广大消费者，通过大数据分析，可以以更高的效率、更低的成本获取消费者现有需求或潜在需求。在此基础上，社区便利店可以将分析结果提供给上游供应商，帮助其调整产品设计、工艺、材质等，针对消费者的个性化需求进行定制生产，提高产品销量，减少库存积压，实现多方合作共赢。

深度交互：无缝对接顾客需求

传统社区商业规模与服务范围的定位通常为：商业设施规模在 3 万平方米以内，覆盖人口不超过 5 万人，服务半径在 2 公里以内。进入新零售时代之后，基于社区和社交开放性和交互性的特点，要求包括社区商业在内的零售业突破传统的商业规模和服务定位，使自己的市场范围更广阔、更多元。

比如，依托互联网强大的连接交互能力，社区商业在提供产品和服务的同时可以兼具社交功能，充分发挥互联网商业开放、连接、交互的特点，打破固有的商业定律，使商业设施超越既定的商圈范围，服务更多消费人群。

传统社区商业思维认为，由于商业物业无法满足所有人的所有需求，因此需要明确消费群体的共性和个性，率先满足需求最多的"头部"。与之不同的是，以用户体验为中心的新零售思维强调的是最大限度满足所有消费群体的多元化、多层次、个性化需求，基于目标消费群体的精准画像为其提供超出其期望、让其"尖叫"的产品或服务。

同时，虽然在新零售模式下依然存在主力消费人群，但借助互联网开放、连接与整合的特点，主次消费群体的界限逐渐趋于模糊甚至消解。特别是随着线上线下的深度融合，"长尾"部分的价值愈发凸显，坐在家里的老人也可能成为购买产品的"常客"。

如果将传统社区商业看作是由消费者、地块、市场三个部分构成的立体平台，那么三者在内容、作用、功能上连接交互的平衡点就是项目的定位依据。在新零售时代，互联网和移动社交的发展普及使社区商业必须具备较强的体验感，成为由消费者、地块、市场和互联网构成的商业平台与社交平台，并由此获得全新的价值想象空间。

在互联网时代，以往城市商业中心模式的零售业态空间布局发生了变化，边缘崛起趋势日益明显，这种趋势主要表现在，在品牌商品向城市商业中心汇聚的同时，日用商品、生活便利服务不断向社区扩散。

从历史的角度看，社区商业形态起源于 20 世纪 50 年代的美国，到 70 年代才出现在亚洲地区，而我国直到改革开放以后才出现狭义上的社区商业。近年来，我国城市化进程不断加快，呈现出社区城郊化的趋势，大规模现代社区的不断涌现推动了零售市场从城市中心分流到大型社区。另一方面，现代社区居民较强的消费能力以及多元个性的消费需求要求社区商业不断调整变革、创新转型。

进入新零售时代之后，社区商业逐渐从混乱无序走向整体规划布局，从小杂货店升级为品牌超市百货连锁，从单纯提供商品服务转向集购物、休闲、娱乐于一体的综合服务。随着各方对社区商业新形态的不断探索与创新，未来社区商业将围绕社区居民体验需求提供更周到、更健康、更具多元个性的综合服务。当社区商业从零散分布转为覆盖购物、休闲、娱乐等诸多内容的综合服务时，其自身也将具备更大的价值想象空间和发展前景。

社区商业的主要服务人群是社区居民，这类消费群体具有就近消费的特点。随着社区居民消费能力不断提升，在北、上、广、深等商业高度发达的城市，社区商业消费在城市社会消费品零售总额中的占比已达到1/3左右，且这一占比仍在稳定增长。在发达国家，社区商业一般占消费零售总额的40%左右。由此可见，我国社区商业仍有广阔的成长空间。

夯实内功：六大运营实战技巧

图5-2展示了社区运营的六大技巧。

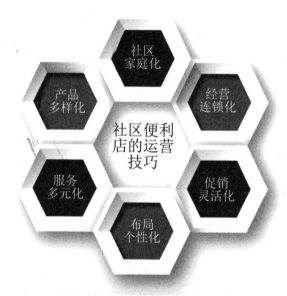

图 5-2 社区便利店的运营技巧

（1）产品多样化

社区便利店需要对社区居民进行深入的市场调研，了解其需求特性、购买力、购买习惯等，描绘出立体化的用户画像，从而对门店经营商品品类、品牌及库存等进行持续优化。尤其是在中高档社区，社区便利店商家不但需要引入品质优良、富有特色的产品，还要做好人性化及个性化服务。

在人们对医疗健康愈发重视的背景下，绿色食品、营养品、保健品等品牌在社区便利店有广阔的市场空间，同时，能够满足人们品质消费需求的红酒、进口食品等产品也值得引起高度重视。社区便利店要对产品进行精细化管理，同时，要把握动态变化的市场环境和消费需求，及时对产品管理做出有效调整。

在这个过程中，产品差异化十分关键，它不但可以满足社区居民的个性化需求，而且有助于商家摆脱同质竞争的价格战泥潭，获得较高的利润回报。

（2）服务多元化

和传统电商及购物中心相比，社区便利店的多元服务是其独特优势。便利店商家可以通过为社区居民提供公交卡充值、生活缴费、票务服务、快递代收、免费中介、送货上门等多元服务来提高用户黏性，取得更高的经营业绩。

从表面上看，一些便民服务不但不能给便利店带来收益，还会提高经营成本，但它可以显著提高顾客体验，增加便利店和社区居民之间的接触点，让社区便利店成为本地化生活场景的重要组成部分。此外，便民服务还能为便利店创造更多利润增长点。比如，社区便利店可以和餐饮店、家政公司、美容店、教育机构、开锁公司、装修公司等合作，收取中介费、广告费等。

（3）布局个性化

布局同质化给传统社区便利店发展带来了诸多不良影响，使得社区居民很容易对社区便利店产生视觉疲劳，抑制其消费需求。为了解决这一问题，社区便利店商家应该定期对门店布局进行优化调整，用个性化的布局给人们带来轻松、愉悦的购物体验，有效缓解人们日常生活与工作中的压力。当然，对门店布局进行调整时，要以顾客需求为导向，尽可能地降低人们购物的时间成本。

（4）促销灵活化

产品促销并不一定要用降低价格的方式，通过赋予其文化、情感同样可以打动消费者。从产品结构角度考虑，社区便利店应该同时有引流商品和利润商品，以优质低价、知名度较高的产品作为引流产品，而利润商品可以选择那些具有特色的差异化商品。

注意把控促销活动频率，频率过高或过低都会对门店经营业绩带来负面影响。目前，牛奶已经成为很多家庭的必需消费品，便利店应该充分抓住这一机遇，比如和优质牛奶供应商合作，每天定点为社区居民配送新鲜牛奶。同时，社区便利店可以尝试引进一些刚上线的新产品：一方面，这些新产品供应商为了打开市场，在价格方面有较大的优惠；另一方面，新产品能够满足消费追求时尚潮流的需求，为门店带来更多流量。

促销的逻辑是商家通过与消费者进行各种形式的信息交互，刺激消费者购买转化，提高其忠实度，引发口碑传播。而同一个社区内的居民交流更为频繁，如果社区便利店能够通过促销活动打动消费者，就很容易通过社区内的健身中心、业主群等渠道扩大知名度与影响力。

（5）经营连锁化

经营连锁化能够发挥规模优势，为社区便利店信息系统、物流配送体系建设与完善提供有力支持。社区便利店可以自建或者加盟便利店连锁品牌，自建需要耗费较高的成本，但高投资也意味着高收益，而加盟的成本和风险相对较低，但经营管理会受到品牌方一定程度的约束。

连锁经营可以对便利店的装修、产品结构、服务等进行统一规范，提高便利店的经营管理水平，并有效控制成本。更重要的是，便利店品牌方可以建立完善的信息系统，对各便利店经营数据进行深入分析，为各便利店的产品采购、库存及促销活动等提供专业指导。同时，便利店品牌方可以集中为便利店配送商品，提高物流效率，有效解决传统社区便利店普遍存在的缺货、断货问题。

（6）社区家庭化

社区便利店应该积极融入所在社区，争取和社区居民建立良好的信任关系。如今，很多社区中的居民虽然住在一起，但彼此之间的交流越来越少，关系也越来越陌生。在这种情况下，社区便利店可以通过和物业合作，举办线上线下的文娱活动来增进社区居民间的交流沟通，建立一个互敬互爱、文明和谐的社区大家庭。

比如组织社区居民参加书法、棋牌等赛事，参与城市志愿者、集体旅游等活动，使有共同兴趣爱好的社区居民能够密切连接起来，极大地丰富社区居民的精神生活。长此以往，社区便利店将会成为维系社区居民关系的平台，使社区居民对便利店产生较高的忠实度，成为便利店产品的终身购买者。

无人便利店：引领全新购物体验

资本风口下的无人零售店模式

近一两年，无人零售突然爆红。其实，无人零售的出现不是偶然，而是零售业发展的必然趋势。零售业态自出现以来就在不断变化，散货店—杂货店—夫妻店—连锁店—无人零售店，每一种零售业态都是社会发展到一定阶段的产物。

从目前的发展形势看，未来，传统零售店或成为主题商店，或成为品牌体验店，或成为智能无人店。一些企业已经开始了对这些模式的探索，积极转变传统的零售思维，引入新的零售模式。

主题商店的主题有两个：一是吃，一是娱乐，以内容吸引消费者，国内的场景零售店、国外的 Eataly 采用的就是这种模式。品牌体验店是从线上向线下引流，引导线上顾客前往线下消费，线上塑造品牌，线下分发流量，国内大部分 O2O 店和网红店采用的就是这种模式。

2017 年被称为无人零售元年，无人零售进入快速发展期。阿里、腾讯等互联网巨头及资本机构纷纷布局无人零售，在资本的加持下，越来越多的创业公司与企业积极研发相关技术、设备及信息系统，为无人零售的大规模推广与普及奠定了坚实的基础。

而获得融资后的无人零售企业发展进程明显加快，纷纷通过收购兼并扩大自身市场份额。2017 年 9 月 28 日，果小美宣布和番茄便利进行战略合并；2017 年 10 月 23 日，猩便利全资收购 51 零食；2018 年 1 月 12 日，便利蜂宣布完成对领蛙的战略投资并控股。

2017 年 12 月，艾瑞咨询发布的《2017 年中国无人零售行业研究报告》显示，国内完成 A 轮融资的 19 家无人零售企业中，有 2 家进入 C 轮融资阶段，1 家进入 B 轮融资阶段，1 家进入战略投资阶段，其余 15 家则为 A 轮或 A+ 轮，也就是说，无人零售风口已至。

进入 2018 年后，无人零售热度不但丝毫不减，反而进一步提升，无人货架、无人售货机、无人便利店等无人零售业态成为投资热点。比如，2018 年 1 月 17 日，缤果盒子宣布完成 8000 万美元的 B 轮融资，复星资本、启明创投、普思资本等多个投资机构参与此轮融资；2018 年 1 月 25 日，专营进口商品的无人售货机 E 栈多完成 1 亿元的天使轮融资，投资方为耀盛投资管理集团有限公司。

中商产业研究院发布的《2018—2023 年中国无人零售行业市场前景调查

及投融资战略研究报告》预测，预计 2019 年，无人零售市场交易规模将达到 1000 亿元，2020 年、2021 年、2022 年这一数字将分别增长至 2500 亿元、5400 亿元、9500 亿元。

资本市场对无人零售等全新的零售渠道给予大力支持，猩便利、果小美、每日优鲜等无人零售创业公司皆得到了资本方的大力支持。同时，阿里、京东等零售巨头通过自建或投资并购方式布局无人零售，试图通过率先布局，在无人零售爆发式增长时取得领先优势。

零售企业在无人零售领域的跑马圈地已经开启，以便利蜂为例，2017 年 11 月，便利蜂在全国范围内布局了 5 万个无人货架，为了提高无人货架运营能力，收购了无人货架运营商领蛙。当然，野蛮生长阶段的无人零售也难免会遇到各种问题，比如由于成本过高、智能货柜产能不足、用户体验不佳等因素，2018 年 3 月，便利蜂在全国 38 个已铺设简易货柜的城市撤站。

目前，无人零售行业仍处在探索阶段，距离进入给用户带来良好体验、成功盈利的成熟阶段还有很长的一段路要走。从实际情况看，无人零售并非行业门槛较高的业态。在这种情况下，企业想要从激烈的市场竞争中突围，必须具备较高的运营管理能力，实现规模化、精细化、个性化运营，做好供应链管理、支付安全、隐私数据保护等工作。

国内外无人便利店的玩家群像

近来，Amazon Go、便利蜂、快猫 Take Go、缤果盒子、小 e 微店和 F5 未来商店这几家无人零售便利店迅速走红。

（1）Amazon Go

Amazon Go 店铺面积小则几百平方米，大则上千平方米，顾客扫码进店，自主选择商品，离开店铺时账户自动结算，真正做到了自动化经营、免排队支付（见图 5-3）。

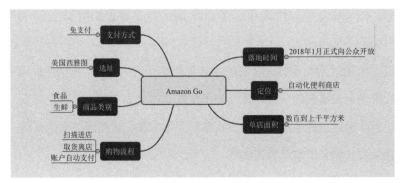

图 5-3 Amazon Go 的运营结构[①]

（2）便利蜂

便利蜂采用的是扫描支付，用户下载便利蜂的手机 App，扫描商品上的条形码完成付款，或者可以向店内系统出示付款二维码完成支付。便利蜂的店铺面积较小，小则几十平方米，大则几百平方米，倾向于在某个区域开店（见图 5-4）。

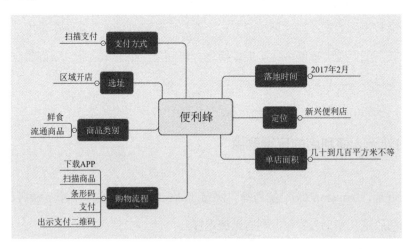

图 5-4 便利蜂的运营结构

---

① 资料来源：亿邦动力网。

（3）快猫 Take Go

快猫 Take Go 与 Amazon Go 非常相似，也采用了免支付方式，消费者扫描进门，自动选取货物离店，离店时系统自动扣款。目前，快猫 Take Go 的单店面积暂时没有限制，店铺主要开设在商务楼、科技园、地铁、高端社区附近（见图 5-5）。

图 5-5 快猫 Take Go 的运营结构

（4）缤果盒子

缤果盒子采用的是自助扫描支付模式，用户扫码进店，选取货物，扫码支付。缤果盒子单店面积为 12 ～ 16 平方米，主要开设在中高端社区（见图 5-6）。

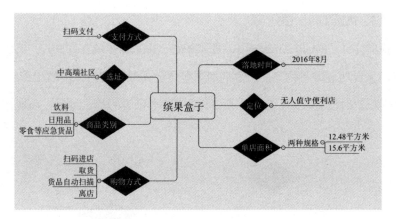

图 5-6 缤果盒子的运营结构

（5）小 e 微店

小 e 微店的购物方式更简单，消费者只需用手机扫描商品的二维码就能付款购买。目前，小 e 微店使用的是开放式购物柜，店铺主要开设在高端写字楼、科技园区（见图 5-7）。

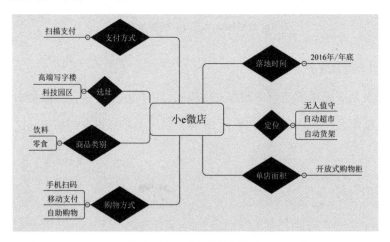

图 5-7 小 e 微店的运营结构

（6）F5 未来商店

F5 未来商店的购物方式也很便捷，消费者可以在移动端选购商品、下单，然后到线下门店取货，也可以通过店铺内的终端机下单，机器出货。目前，F5 未来商店的店铺面积大约在 30 平方米以上（见图 5-8）。

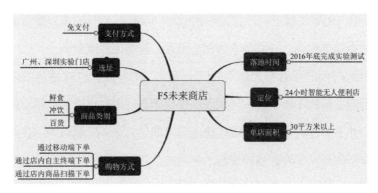

图 5-8　F5 未来商店的运营结构

通过对比可以发现，虽然从技术、形式层面来看，这些无人零售便利店存在一些差别，但也有一些共同点，比如规模比较小，经营模式比较标准，而且有较强的安全技术保障。从时间方面看，这些无人零售便利店落地时间较早，抢占了领先优势。

无人便利店与传统零售店比较

无人零售店是对传统零售模式的颠覆，切实提升了店铺运营效率，优化了消费者的购物体验。相较于传统零售店来说，无人店的运营效率要高很多，店铺管理更规范，店铺运营的人力成本更低，可实现流程化运营。

（1）无人零售店 vs 传统零售店

总体来看，主题商店、品牌体验店、无人店都颠覆了传统的运营模式，切实改变了店铺的引流方式，提升了店铺的运营效率，消除了传统零售模式无法制造内容的短板。

"空间""库存"是制约传统零售发展的两个关键因素，另外，几乎所有线下零售都要解决"选址""组货"两大问题。传统线下零售具有规模化的特点，与之相较，无人零售更像一个"小而美"的街口杂货店，一家店铺大约为周围 1 ~ 2 公里内的居民服务。不过，相较于 20 世纪 90 年代的街口杂货店，无人零售店的布局更密集，与消费者的距离更近，智能化程度更高。

互联网时代的商业模式都具有"小而美"的特点，也就是精细化、小众化。随着商业模式不断发展，传统的规模化零售逐渐被小型的、精准的零售模式取代，几乎各行各业都将从规模化走向精细化，这一发展趋势已在线上零售商店中有所体现。另外，强势崛起的便利店、江河日下的大型商超也证明了这一点。

（2）占领高频消费场景

在所有的商业店铺中，便利店的消费频次最高，因而便利店的任何变动都会引起社会的广泛关注，这是服装店等店铺无法做到的。虽然市面上的服装店数量很多，但人们光顾服装店、购买衣服的频次比较低。比如，羽绒服专卖店，人们可能一年才光顾一次，是非常典型的低频消费场景。

在这种场景下，店铺很难与消费者进行高频互动，自然无法让顾客形成黏性。相反，便利店属于高频消费场景，每天都有较大的流量。流量就是市场，正因如此，便利店行业才能吸引阿里巴巴、京东等互联网电商布局。

（3）10 分钟生活圈

便利店无限接近消费者的生活。通过对相关数据进行分析可知，大部分传统便利店都开设在消费者的生活区内，消费者步行 10 分钟左右就可到达。相较于远距离的商超购物来说，这种短距离的购物方式更容易获得消费者青睐。

据研究，消费者在前往商超购物之前通常有一个准备过程，准备时间 + 路上所用时间，前往大型超市购物至少需要 30 分钟，前往综合超市购物至少需要 15 分钟，考虑到这些时间消耗，很多消费者都会打消前往商超购物的念头，或减少前往商超购物的频次，更多地选择在附近的便利店购物。

无人便利店的出现更为消费者的日常购物提供了方便。无人便利店相当于自动柜员机，距离消费者更近，消费者步行 5 分钟左右就能到达。但相较于自动柜员机来说，无人便利店的购物体验更好。所以，未来，电商行业的最后一公里可能会由无人便利店完成。

无人零售也好，人工智能零售也罢，都必须解决四个问题。

一是可得性。零售企业要明白一点，消费者的消费需求转瞬即逝，大多数消费者都希望在需求产生的那一刻就获得产品，如果"需求产生"与"产品获得"之间间隔的时间比较长，消费者的这一需求很有可能消失不见，所以零售的可得性非常重要。京东当日送达便利店之所以能快速占领市场就是因为具有可得性，消费者想买什么前往便利店可即时获得。

二是技术。无人零售在运营过程中要执行的物理操作包括供应链物流、自动化物料搬运、智能化仓储管理、库存追踪等。随着数字技术、人工智能的应用，上述物理操作将变得更加复杂。具体表现在使用射频识别技术追踪供应链、运用物联网技术对实体店运营进行管理等。无人零售可通过需求预测、仓库拣选算法、库存优化算法等加快流程运转，提高资源利用率，最大限度地降低成本消耗，使资源实现充分利用。

三是体验。传统零售产生于物品稀缺时代，消费者更看重产品本身。而进入新零售时代之后，物品极大丰富，相较于产品，消费者更看重体验，各类主题商店和综合卖场的出现就证明了这一点。

四是内容。零售店不仅要销售产品，还要和消费者互动，增强消费者的黏性。所以零售店不仅要选货、搬货、陈列、售卖，还要生产内容。

无人便利店背后的大数据运营

无人零售的价值不只是流量，还有数据。未来，在数字经济时代，所有消费行为、商业行为都将实现数字化，无人便利店这种高频次的消费场景更会产生大量数据。通过对这些数据进行分析、处理，企业可以对消费者有更深入的了解，从而更精准地组货、生产产品，真正拉动消费者需求。所以，阿里巴巴、京东等互联网巨头布局便利店不是为了获取流量，而是为了尽早掌握数据市场，对消费需求做出更加精准的预判。

消费者在线上店铺购买商品之后，商家会有意识地收集顾客的基本信息，比如电话、地址、购物情况等，但传统线下零售店不会如此。如果传统线下零售店能将消费者的购物行为数字化，必将从中发现巨大价值，推动自身发展迈进一个新阶段。

目前，在现有的无人便利店中，F5未来商店和缤果盒子的估值都非常高，在Amazon Go通过内测后，F5未来商店和缤果盒子都成功完成了融资。为此，缤果盒子的创始人陈子林对Amazon Go表达了"感谢"。正是因为Amazon Go的大动作，无人便利店才能引起资本的高度关注，缤果盒子才能迅速获得1亿元的融资，要知道，在此之前，缤果盒子仅测试了3个BOX，上海2个，中山1个。

由此可见，电商数据的价值不可估量，对于资本来说，它投资的不是一个单纯的便利店，而是一个消费数据搜集网点。

之所以选择便利店搜集数据，开展客户调研，主要是因为便利店最接近消费者的生活，而且消费频次最高。其实在很早之前，7-11便利店就开始以人工的方式统计消费数据。7-11便利店的收银员在收银过程中与消费者做短时间的接触，获知消费者的性别、年龄，然后通过特制的键盘将这些信息记录下来。

之后，7-11便利店的后台会将当时的天气状况、购物时间、消费金额、商品品类等信息与消费者的基本信息相结合，生成一套大数据模型，为商品选取提供指导。通过这种方式，7-11便利店的销售额至少增长了30%，商品损耗至少减少了 10%。

进入互联网时代之后，在各种技术手段的支持下，消费行为统计变得更加简单。以 Amazon Go 为例，Amazon Go 的货架由红外线与光幕构成，可以根据手触及平面、离开平面的行为对消费者的购物行为（是否拿取了商品）进行判断；还会通过摄像头对消费者在某一商品前的停留时间进行分析，根据分析结果调整商品价格，以延长消费者的停留时间等。由此可见，对于产品试验、市场调研、消费者数据分析来说，无人便利店无疑是最好的场所。

在互联网时代，企业掌握了流量就掌握了话语权，而在数字经济时代，企业掌握了消费数据就掌握了话语权。未来，企业的核心竞争力不再是生产能力，决定销售额的关键要素也不再是产品，而是用户。只有符合用户需求的产品才能有好的销量，而企业只有掌握足够的用户数据，通过对用户数据进行分析才能了解用户需求，这是企业未来的核心竞争力。

随着数据积累到一定程度，人工智能零售模式就有望成为现实。

未来可能会出现这样的消费场景：消费者最近想购买某款产品，突然有一天在便利店购物的过程中发现了这款产品。原来是便利店通过数据分析获知了消费者的这一需求，然后引进了这款产品。也就是说，未来的便利店很有可能根据消费者的需求天天更新产品，使消费者需求得到极大地满足。

如果将人工智能比作一个人，那数据就是图书馆，人工智能通过不断地消耗现有的数据，获取新数据构建自己的判断系统。所以，从这方面看，无人零售就是利用数据为人工智能搭建一个图书馆。

【案例】7-11 便利店：连锁便利店的模式创新

零售创新：打破传统零售模式

2017 年 4 月，京东宣布未来 5 年将在全国开设超过 100 万家京东便利店；同样是在 4 月，阿里集团旗下的本地生活服务平台口碑发布"码战略"，希望借助二维码和口碑店铺将线下 300 万家商家接入移动互联网，为商家提供"二维码—店铺—支付"的新通路，实现线上线下的打通融合。

此前，阿里一直致力于利用零售通平台重塑传统的零售经销体系，为线下夫妻便利店提供便捷高效的采购进货渠道，并通过提供更多增值服务吸引这些体量虽小但规模庞大的线下零售小店参与到阿里零售生态系统中来。

相关数据显示，我国实现连锁化、规模化经营的零售企业在整个零售业中的市场份额只有 13%，另外 87% 的市场份额则被体量小但数量众多的个体零售小店占据。《2016 年中国便利店行业发展现状分析》也显示，当前我国能够识别出的便利店只有 8.3 万家，而个体性的夫妻零售小店的规模却超过 300 万家。

随着纯电子商务模式陷入发展瓶颈以及新零售理念对线下零售的强调，资本市场、零售巨头开始针对占有 87% 零售市场份额的个体零售终端展开积极布局和激烈竞争，而作为线下零售形态中最紧贴消费者且具有无限增量空间的便利店也自然受到越来越多的关注，迎来了新的发展风口。下面，我们对全球最为成功的连锁便利店日本 7-11 便利店的零售理念和经营策略进行分析，为我国便利店的发展提供启发和借鉴。

（1）"世界上只有两家便利店"

日本零售界流传着这样一种说法：在日本只有两家便利店，7-11 便利店和其他便利店。作为全球最大、最具影响力的便利店连锁企业，7-11 便利店创始人兼 CEO 铃木敏文被称为"日本新经营之神"，其在总结自身几十年零售经验的《零售的哲学》一书中指出，零售其实是一场"心理战"，对手是顾客需求，如果经营者能够"读懂世间变化"，那么无论售卖何种产品都将很容易。

那么，铃木敏文是如何通过一系列创新，带领 7-11 便利店从濒临破产迅速成长为全球最大的连锁便利店呢？

铃木敏文在 1963 年进入日本著名百货零售集团伊藤洋华堂。20 世纪 60 年代后期面对大型综合超市的蓬勃发展，铃木敏文认为大型商超和中小零售店能够共存共荣，两者只是店铺规模和经营方式方法不同，但决定运营成败的核心要素都是产品品质和服务内容。

同时，铃木敏文在美国研修学习期间又刚好发现了 7-11 便利店这种"如此小的店铺"，并了解到 7-11 便利店是隶属于美国南方公司，在北美地区拥有超过 4000 家连锁店的优秀企业。随后，铃木敏文在 1974 年将 7-11 便利店正式引入日本，以伊藤洋华堂旗下独立子公司的形式运营，并最终"反客为主"，将 7-11 变为日本品牌，并将其发展成世界最大的便利店连锁公司。

（2）7-11 便利店的零售创新

从零售角度来看，日本 7-11 便利店的成功得益于其打破常规的零售创新

（见图 5-9）。

图 5-9　7-11 便利店的零售创新

一是提升店铺供货效率。

7-11 便利店通过"小额配送"的采购策略，有效减少了不良库存压力。同时，为保证顾客可以随时购买到新鲜食品，7-11 便利店与上游供应商和生产商建立了不间断供货的合作模式，即便在新年假期也能为顾客提供新鲜食品。

二是密集型选址战略。

在店铺选址方面，7-11 便利店采取"密集选址战略"，以"面"的方式实现对某一商圈的大规模覆盖，获取规模效应，降低采购物流成本，更充分地满足顾客需求，增强品牌印象。比如，7-11 便利店进入日本后，两年间开设的店铺数量便达到 100 家，而美国南方公司开设 100 家门店用了 15 年时间。同时，日本 7-11 便利店从 1975 年开始改为全天 24 小时营业，"全年无休真方便"等广告词紧紧抓住了顾客眼球，被很多顾客称为"深夜超市"。

三是实行共同配送的物流结构。

共同配送模式是 7-11 便利店对物流体系的优化创新，指生产厂家、供应商和 7-11 便利店总部三方通过有效的对接、沟通与协同，将原本各自独立、分散的配送行为整合起来，形成更合理的配送路径和物流方案。除了在各区域建立共同配送中心实施共同配送，7-11 便利店还基于产品特质将运送货品细分为冷冻型、微冷型、恒温型和暖温型四个温度段，并据此对配送货品进行集约化管理。

四是改变产品排列方式。

7-11 便利店也十分重视从商品陈列等诸多细节上为顾客带来更好的体验。比如，最初各供应商单独将自己的品牌放置在货架最显眼的位置，以便顾客可以更多地关注自己的产品，但 7-11 便利店对此做出了改变，将不同品牌的产品陈列在一起为顾客提供多元化的产品选择，极大优化了顾客体验，引发更多购买行为。

运营创新：聚焦企业核心价值

在竞争激烈的零售市场上，7-11 便利店的日均营业额能够始终领先于竞争对手的关键是其多维度的运营创新。7-11 便利店的创新经营策略正是企业聚焦核心价值的体现，比如，注重与门店员工的直接沟通、为顾客提供增值服务、构建产品研发和供应商的基础体系、对产品品质的严格把控等。

（1）与员工直接沟通

7-11 便利店认为自己真正的对手不是其他品牌的便利店，而是快速变化的"顾客需求"，而员工是距离顾客最近的一环。基于这一理念，日本 7-11 便利店从一开始就十分重视与员工的直接沟通，将管理层的经营思路及时分享传达给员工，并保证从加盟店店长到店员乃至临时店员都能准确理解公司策略和目标，借此推动企业稳步发展。

在员工沟通方面，7-11 便利店认为直接沟通比任何"传话游戏"都能取得更好的效果。基于此，7-11 便利店内部形成了具有不同导向和功能的会议，如针对门店经营顾问的"区域顾问会议"，通过彼此间的沟通促进各店铺经营顾问成长，从而为 7-11 便利店门店的成长发展提供更好的指导。

从内容来看，7-11 便利店每次的会议主题其实并没有多大变化，但公司希望通过这种反复强调的方式，让每一位员工都深刻认识到管理层对会议主题的高度重视，从而通过面对面的直接沟通将"为了成长，必须积极应对变化"的理念灌输到每一位成员心中。同时，与员工沟通时，7-11 便利店还强调在没有明确根据的情况下，最好不要公开业绩目标，以免员工为了冲击业绩而忽视工作品质。

此外，在瞬息万变的互联网商业时代，信息获取已不成问题，但更关键的是如何从海量信息中提取有价值的内容，进而通过有效的挖掘分析及时精准地把握顾客需求变化，并做出合理应对。比如，针对日本老龄化日益严重而年轻一代忙于工作无暇购物的情况，7&I[①] 集团从 2013 年开始发力布局线上零售业务，为零售生态系统注入了新的活力，拓展了广阔想象空间。

（2）便利店也能开银行

7-11 便利店还积极从消费者角度出发，通过拓展更多增值服务最大限度地满足顾客多元化需求，为顾客创造更多价值。如在店内增设 ATM 机、提供代收水电煤气等公共事业费服务、创办独立商业银行等，这些都是 7-11 便利店为顺应顾客需求拓展的便民服务，使自身融入顾客的日常生活，提高了顾客进店频率，引发了更多购买行为。

以 ATM 机为例，7-11 便利店没有选择比较容易的合资方式，而是为了设立自有的 ATM 机选择申请银行经营牌照，最终在 2001 年"IYBANK"顺利营业。店内安装 ATM 机后，很多在 ATM 机上取款的顾客都会顺便在店内选购一些商品，这就证明了"IYBANK"的观念是可行的，并实现了金融厅要求的"三年内盈利"的目标，"IYBANK"也成为同时期包括网络银行在内的

---

① 7-11 便利店的母公司。

各种新银行业态中最成功的一个。2005 年，7&I 集团控股后，"IYBANK"更名为"Seven 银行"。

（3）研发是核心竞争力

7-11 便利店能够始终吸引众多消费者的一大关键是通过产品研发不断为顾客提供新的价值体验。特别是在主营的食品产品的研发方面，7-11 便利店以近乎苛刻的口味要求每种新上市的食品都能获得顾客青睐：新食品的推出不仅要获得产品研发负责人的同意，还要由所有高层董事先行品尝，在所有人对食品的口味感到满意后，食品才能真正在门店中上架。

为更好地保证货源，7-11 便利店与众多生产厂商成立了 NDF（Nihon Delica Foods Association，日本鲜食联合会），通过"只为 7-11 便利店制造产品"的供应链模式，实现了原料购买和品质管理标准的统一，既有效避免了产品交叉污染，又大幅增强了 7-11 便利店的产品能力。

7-11 便利店认为，一些美味食品刚上线时可能备受欢迎，但却容易让消费者腻烦，消费者并不会天天购买，反而是便当、饭团、面包这类日常食品，顾客每天都会购买。为此，7-11 便利店特别注重饭团、便当这类产品的口味创新，努力让顾客每天都能享受到不同的味道。

对口味的严格要求使 7-11 便利店出现了很多热销至今的经典食品，如红豆糯米饭团、"正宗炒饭"等。同时，汤汁、"Seven 咖啡"的出现则表明 7-11 便利店对店内食品的定位从"家常味道"转向"家中难以实现的味道"。

（4）永远追求品质

7-11 便利店将品质追求放在首位，积极打造自有品牌，使顾客在消费 7-11 便利店产品的过程中获得更多价值。所谓自有品牌就是从产品设计到原料采购、产品生产再到产品销售的整个过程都由 7-11 便利店掌控的产品。如 2007 年推出的 7-Premium 以及 2010 年推出的更高端的 7-Gold 两大系列食品，当前已拥有近 3000 款食品。

体验创新：深刻洞察顾客心理

7-11 便利店将零售视为一场"心理战"，对手则是不断变化的"顾客需求"。基于此，7-11 便利店始终紧贴顾客，深刻把握顾客心理，从顾客需求和体验出发开展各种零售动作，从而牢牢吸引更多顾客，促使自身实现可持续成长。

（1）建立信息系统

为有效应对顾客不断提高的消费体验要求，7-11 便利店积极构建信息系统，提高店铺运营效率。比如，1978 年，订货终端机的应用使 7-11 便利店的订货方式从手工记账升级为通过终端机读取货品条形码确定订货方案；1982 年，7-11 便利店又通过引入 POS 系统（Point of Sales，销售时点信息管理系统）建立了"单品管理"的订货策略。

具体来说，"单品管理"就是基于商品在门店中的销售数据，综合考虑第二天的天气、温度、街市活动等多种信息，对顾客的消费心理进行预判，据此制订商品订货方案。然后通过当天结算系统对之前的假设进行验证调整，形成"假设—执行—验证"的良性循环。可见，"单品管理"的核心是门店主动挖掘分析顾客未来的消费需求，并以此制订更为合理的商品订货方案。

（2）迎合顾客情感诉求

1989 年，日本政府开始征收 3% 的消费税，之后提高到 5%，极大压制了民众的消费热情。在此背景下，7-11 便利店从顾客角度出发，通过返还 5% 消费税充分迎合了顾客的情感诉求，从而在整体消费疲软的情况下实现了门店营业额的逆势增长。

（3）特色饭团的成功

在零售市场中，价格战是很多商家最常用的竞争手段，但价格战很容易形成恶性循环，使一些热销产品也无法盈利。7-11 便利店对此保持高度警惕，采取各种措施避免自身陷入价格战的泥潭。同时，7-11 便利店"特色饭团"

的成功也表明价格并非影响顾客消费决策的唯一因素，商家只要真正考虑顾客思维与行动，迎合顾客心理诉求，即便自身产品在价格上没有优势，也同样会获得顾客青睐。

比如，相对于其他便利店推出的 100 日元的低价饭团，7-11 便利店推出的 160 日元、170 日元的特色饭团虽然价格较高，但由于为顾客创造了新的价值体验而受到热烈追捧，销售额增长率同比达到了两位数。

（4）进攻型经营

在以消费者为主导的零售市场中，商家应从以往的"等待型经营"转向"进攻型经营"，从心理和空间两个方面积极主动地拉近与顾客的距离，全面准确地把握了顾客痛点和需求变化，在心理层面利用具有新鲜感、美味度和有益于生活的产品或服务设计激发顾客的购买欲望，在空间上则借助"送货上门""网络零售"等手段为顾客提供更好的消费体验。

线上店铺能对实体店铺形成有益补充，不仅可以获取更多消费数据、绘制更精准的顾客画像，引发更多购买行为；还可以通过发送会员优惠券、与周边产品进行联合营销等方式促进产品销售。

20 世纪 80 年代，美国南方公司陷入价格战的恶性循环，再加上多元化扩张战略失败，导致公司面临严峻的生存困境，甚至有媒体宣称"便利店时代已到了穷途末路"。1991 年，7-11 便利店收购美国南方公司 70% 的股权后对公司进行变革重组，其中最引人关注的一点是将产品的采购订货权下放给与消费者距离最近的包括临时工在内的一线店员，由员工自主采购、订货并负责推销自己订购的商品，充分发挥员工的自主性和创造性。

在日本，作为伊藤洋华堂子公司的 7-11 便利店凭借持续且强劲的发展势头在市值上超过了母公司。基于此，2005 年，铃木敏文通过重组架构成立了7&I 控股集团；2012 年开始，伊藤洋华堂启动新一轮经营管理体制改革，其中一项重要内容是增加专职员工和临时工，大幅提升店铺待客服务能力，将运作方式从以产品为核心转变成以顾客服务为核心。

在瞬息万变的互联网商业社会，7-11 便利店将"主动做出改变、积极应对变化"的理念灌输给从店长到临时工的每一位成员，并将其融入门店运营的方方面面。对占比最大的鲜食类产品，7-11 便利店会在精准定位当地消费者饮食偏好的基础上推出最适宜的产品和服务。

比如，针对北京消费者喜欢吃热食的习惯，7-11 便利店专门推出了"现场烹饪"服务，首先通过专用工厂的中央厨房将统一切好的原材料与调味品送到各便利店，店员在小厨房进行加热即可为顾客提供新鲜的热食。

零售心理学的成功运用、从顾客角度出发的高质量产品与服务、积极主动拥抱变化的经营策略等，保证了 7-11 便利店始终保持强劲的扩张态势。目前，7-11 便利店已在全球开设了超过 6 万家门店。

配送创新：提升用户购物体验

物流是零售行业持续稳定发展的重要基础。包括沃尔玛在内的零售巨头都在不断强化自身的物流配送能力，提高商品流通效率，降低经营成本。以沃尔玛为例，沃尔玛会在零售店较为集中的区域建立物流配送中心，为卖场及时供货；通过交叉配送去除入库、存储、分拣等环节，提高配送效率。

便利店作为实体零售业态的细分领域，因为分布在社区附近，重点是解决人们的日常生活用品需求，决定了其物流配送必须更为精准、灵活。在海内外诸多便利店企业中，日本 7-11 便利店打造的物流配送体系更加完善，尤其值得我们学习借鉴。

7-11 便利店在全球范围内拥有超过 7 万家连锁门店，规模如此庞大，必须有完善的物流配送体系提供支持。密集选址是 7-11 便利店线下门店的一大典型特征，门店与门店之间的距离相对较近，有利于降低物流成本，提高物流效率。那么在实体门店的运营管理中，7-11 便利店又是如何通过物流配送体系来控制经营成本，提高用户购物体验的呢？

（1）小额配送和共同配送

以前，便利店企业普遍采用批量化采购、集中存储的物流配送模式，在仓库中存储大量商品，缺货时再向供应商订货，这种方式很容易造成严重的库存积压，而且便利店和供应商之间缺乏及时沟通交流，无法为消费者提供真正满足其需求的产品。此外，生产商和渠道商各自为战，数十家甚至上百家生产商与渠道商同时配送商品，造成了严重的资源浪费。

为了控制物流成本，提高配送效率，为顾客及时提供较高性价比的优质产品，7-11 便利店对传统物流配送方式进行改造，构建了一个以小额配送和共同配送为核心的物流配送体系。一是小额配送。控制门店的单次采购规模、提高采购频率，有效提高蔬菜、水果、牛奶等日用品的新鲜度，降低库存风险。二是共同配送。7-11 便利店和生产商、渠道商合作，整合运力资源，统一配送。以蔬菜产品配送为例，共同配送就是将多个生产商及渠道商供应的商品，使用同一辆货车运输。

得益于计划采购与计划配送，7-11 便利店的物流配送体系十分高效、灵活。7-11 便利店总部对门店进行统一管理，为后者提供信息服务，优化各门店的资源配置，并指导门店的采购和配送。根据门店的地理位置，由该区域内的配送中心为其送货。位于中心城市商圈的配送中心服务半径相对较小，约为35 公里，其他位置配送中心的服务半径通常可以达到 60 公里。

7-11 便利店总部通过对用户数据、门店经营数据及供应商数据进行搜集与分析，实现生产、物流及销售环节之间的无缝对接。通过分析某一类产品的具体销售数据、销售时间、顾客的年龄及性别等数据，7-11 便利店提高了采购的精准度，对品类实施精细化管理，为各门店的采购及配送活动提供强有力的支撑。

　　为了确保配送效率与质量，7-11便利店甚至会搜集并分析天气数据。7-11便利店总部的信息系统会为门店提供实时气象数据，这些数据都是从专业气象数据发布渠道搜集而来。与此同时，门店还会根据当地的天气情况，调整食物等易损耗产品的采购量，配送车辆也会根据天气情况调整运输路线。

　　（2）根据温度来管理细节

　　7-11便利店中的商品主要以食物、饮料、牛奶等日用品为主，这些产品对配送有着不同的要求，配送时必须对其进行细分，并采用与之匹配的配送管理方式，7-11便利店主要是按照温度对商品进行分类管理。

　　在配送中心，商品将会按照温度分为以下四种类型，以便实施集约化管理：①以冰淇淋、海鲜为代表的冷冻型，配送温度通常在零下20摄氏度；②以牛奶、蔬菜为代表的微冷型，配送温度通常为5摄氏度；③以罐头、饮料为代表的恒温型；④以面包、便当为代表的暖温型，配送温度通常为20摄氏度。

　　之所以按照温度对商品进行管理，主要是为了提高品质、确保新鲜度。冷冻商品配送中心和常温商品配送中心是7-11便利店配送中心的标准配置。

　　配送中心会存储冷冻型和恒温型商品。供应商将商品运输到配送中心后，后者承担库存管理责任。当收到门店提交的采购订单后，配送中心会按照订单要求为其送货。而对新鲜度要求极高的微冷型和暖温型商品，则是由生产商及渠道商管理，配送中心不会存储这类商品。接到门店订单后，配送中心会安排货车将生产商及渠道商的商品集中起来，统一送到门店。

　　在7-11便利店构建物流配送体系的过程中，生产商和渠道商发挥了十分重要的作用。1979年，7-11便利店在日本发起并成立日本鲜食联合会，由该机构负责为7-11便利店门店提供面包、牛奶、蔬菜、水果、便当等新鲜食品。日本鲜食联合会只为7-11便利店提供商品，而且随着7-11便利店快速扩张，该机构旗下已经拥有超过80家鲜食生产商。

目前，食品在 7-11 便利店中占据的品类达到了 70%，其中快餐占比为 30%，加工食品占比 31%。而品质、新鲜度无疑是消费者制定食物消费决策的核心因素，正是因为有了完善的物流配送体系，7-11 便利店才能持续不断地为消费者提供新鲜、美味的食品，满足广大消费者 7×24 小时的实时购物需求，最终发展成为一家跨国连锁便利店巨头。

第 6 章

数字化门店

实体店的新零售玩法

实体门店的数字化转型方案设计

实体店数字化转型的关键指标

近年来，互联网技术在零售行业的应用范围越来越广，给零售企业带来了诸多问题，比如线上线下分流、营收增长乏力、经营成本持续增长、利润不断下降等。在此情况下，零售行业的从业者提出了"传统零售数字化转型"的倡议，试图借此帮助传统零售企业重塑竞争力。

那么，传统零售企业的数字化转型方案该如何设计呢？我们先从来客数、利润率、运营效率等关键指标进行具体分析。

（1）来客数

对于零售企业来说，店铺获客能力下降是最严重的问题。过去，单店客流量较高，顾客络绎不绝。目前，店铺一部分客流被新开的店铺分走，一部分客流转移到了线上，店铺获得的关注度越来越低。为了吸引新一代消费者回流，实体店必须利用数字化技术完成转型，开展数字化运营。

（2）利润率

利润率可以分为两部分：一是毛利水平，二是成本费用水平。前者深受企业议价能力的影响，后者深受企业经营管理能力的影响。

近年来，随着销售终端的数量越来越多，单店的销售能力不断下降，大部分零售商的议价能力也不断下降，导致店铺获利减少，非销售型收入不断下降，比如进场费、店庆费等。同时，随着人工费用、店铺租金、能耗、装修支出不断增长，店铺的运营成本也在不断上涨。这两大利润构成变量的升降通过各零售企业的财务报告展露无遗。如果企业在将来运营的过程中继续沿用当前的技术与模式，净利率必将持续下降，很难回升。近几年，随着业内人士不断探索，在数字化技术的支持下，零售企业极有可能降低运营成本，提高供应链议价能力。

（3）运营效率

目前，很多零售企业的组织结构仍是直线职能制式结构。虽然我们一直倡导"以顾客为中心"，但受组织结构的影响，决策人员无法获取顾客的真实需求，自然也无法根据用户的真实需求决策。而一线人员虽然了解顾客却没有决策权，使得决策与市场需求脱节，从而产生了无效经营或负效经营。

将数字化技术引入企业运营有两大目的：第一，洞察消费者需求，用消费者需求驱动经营活动；第二，减少组织层级，缩短信息传递与反馈链条，提升决策效率，让决策迎合市场变化与消费者变化。

综上，传统线下零售企业数字化转型目标的设计应注意三个关键点，一是提升店铺的获客量，二是提升店铺的净利率，三是提升店铺的运营效率。

实体店数字化转型的注意事项

IT 能力建设可提升企业的竞争力，关于这一点，大多数零售企业都有了较为清醒的认知。关于零售企业数字化转型方案的设计，业内出现了很多不同的观点，这些观点多流于理论，没有与当下的实际情况相结合，给出的方案可行性较差。所以，零售企业数字化转型方案设计要注意以下三点。

（1）目标务实

零售企业数字化转型的目标设计要注意三点：一是门店获客量的提升，二是净利润的提升，三是运营效率的提升，至于线上销售渠道拓展等目标则可以暂缓。对于联营经销的零售商来说，因为推行的是多级代理制，所以零售商基本失去了直接采购商品的能力，商品生产流通等环节被品牌商、代理商全权掌控，很难将线下商品全部放到线上销售。

过去，很多实体零售企业，包括全国排名前十的零售企业曾尝试对接互联网，开展数字化经营，但效果差强人意。虽然大数据技术为线下零售企业的发展绘制了一个美好的场景，但利用大数据为消费者画像，让商品经营与消费者偏好建立密切联系却很难实现，其原因有六点：①内部数据结构化程度较低；②内部数据量不足；③外部数据难以获取；④定制化数据分析成本高；⑤数据采集的硬投入比较大，对现有经营流程的改变比较大；⑥很少有经营人员能对各类零售数据间的关系做出敏锐感知并提出建模需求。

因为这些问题的存在，企业对大数据应用的推进要慎之又慎。

（2）成本可控

实体零售店铺的数字化转型是一项系统工程，涵盖的内容非常丰富，包括商品数字化、供应链数字化、顾客数字化、门店数字化、交易数字化、经营指标数字化等。这些项目的数字化对硬件架构、网络传输、软件开发、流程变革都提出了较高的要求，耗费的成本极高。以软件开发为例，国内某知名零售企业为做好软件开发组建了一个 4000 人的 IT 团队，一年的人工成本高达 4 亿元。由此可见，传统零售企业在数字化转型的过程中要选择一条成本投入与经营目标高度匹配的路径。

（3）成效显著

众所周知，新技术、新运营方式的引入必将打破零售商原有的行为习惯，而习惯极有可能爆发出巨大的反弹能量。很多企业都存在这种问题：企业管理层决定推行某一新项目，但在执行过程中却偏离了预设轨道，导致项目执行效果不佳。

员工不反思自身，反而认为是管理决策不合理才导致这一结果出现。传统零售商数字化转型方案的推行也会面临这一问题，如果方案设计得过于复杂，设置的目标过多，对经营流程的改动过大，就会遭到员工的强烈抵制，导致执行效果不佳。所以，数字化转型方案的执行要稳步推进，记录每个环节的落地效果，将结果实时反馈给方案的执行者，对其产生正向激励，从而加快方案推行。

实体店的数字化转型方案设计

如图 6-1 所示，有五种数字化转型的方案设计。

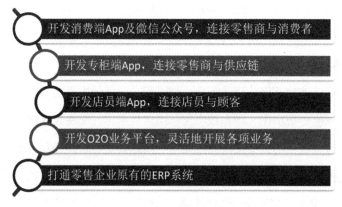

图 6-1 数字化转型的方案设计

（1）开发消费端 App 及微信公众号，连接零售商与消费者

开发消费端 App 及微信公众号，将零售商与消费者连接在一起有以下几点好处：第一，可以加快商品、服务、资讯、活动向消费者流通的速度；第二，顾客的行为、意见、评价可实时反馈给零售商；第三，顾客可深度参与零售商的各项活动，自行查询积分情况，用积分兑换礼品或抵扣消费金融，获得更好的购物体验；第四，帮零售商节省在公共媒体领域的投入，促使营销资源实现精准投放，提升转化率；第五，吸引顾客参与内容生产，对消费决策产生交互影响；第六，完善线上、线下活动设计，培养新一代消费群体。

（2）开发专柜端 App，连接零售商与供应链

开发专柜端 App 实现自主收银，降低收银员配置，减少相关支出；录入商品信息，帮零售商做好单品管理；自主配置营销活动、投放营销资源，使目标顾客成交率大幅提升。

（3）开发店员端 App，连接店员与顾客

开发店员端 App，让店员自主发展新会员，做好会员管理；增进店员与会员的交流，让二者建立情感连接；店员主动向特定会员投放资源，提升成交率；引导会员在社群中相互交流，对其他消费者的购买行为产生影响；按照规则将会员消费积分转化为店员积分，制作店员积分排行榜，提升顾客服务质量。

（4）开发 O2O 业务平台，灵活地开展各项业务

O2O 业务后台包含九大业务模块，将零售商原有的 POS、ERP、CRM、POP、预付卡等系统串联在一起，将商品、促销活动、卡券信息、会员、销售记录全面记录下来；借助 O2O 业务平台，集团、专柜、门店可根据权限对营销活动进行自主配置；为会员添加标签，有针对性地向其推送营销资源和信息；选择特定商品，与会员进行关联分析，事前为零售商的经营决策提供参考，事中对会员消费情况进行实时查询，事后对营销活动的开展效果进行科学分析。

（5）打通零售企业原有的 ERP 系统

虽然零售企业原有的 ERP 系统能进行商品管理、会员管理、积分管理、促销管理，但无法与线下业务平台连通，逐渐成为一个"食之无味，弃之可惜"的应用。

零售企业有三个非常重要的业务流，资金流是核心，资金结算必然要以 ERP 为基础，如果不与企业原有的 ERP 系统打通，线上业务就很难形成闭环，顾客体验必将受到不良影响。这里的打通包含四大内容：一是积分打通，也就是积分增减做到线上、线下互通；二是交易互通，线上支付线下记录，线下交易实时反馈给用户；三是营销互通，线下、线下认同彼此的营销规则，分摊成本，将其归入一个结算体系；四是报表互通，为决策人员提供一个全量的数据报表。

根据前面的论述，传统零售企业数字化转型方案的设计使数字化工具的引入流程得以简化，与零售商原有的 ERP 系统对接，将方案推行的时间成本、软硬件成本都置于可控范围内，将每项工具的实施效果及时反馈给执行人员，以减少方案推行阻力，保证方案顺利实施。

从具体实践看，传统零售商自建团队、自行设计方案、开发软件、采购硬件要耗费大量的时间成本与试错成本，为做好成本控制，零售商需要一个通用的数字化转型方案。如果按照上述方案进行消费端、店员端、专柜端等端的开发，对接后台，只需 3 ~ 6 个月的时间就能创建一个在本地部署的、有着丰富功能的数字化平台，满足零售商的基本需求。

对于市场上那些免费的数字化转型方案，零售企业要谨慎对待，因为这些方案往往存在一些问题，容易给顾客体验造成不良影响，比如企业自有数据泄露，没能与线下全面打通导致线上线下脱离，营销方式不灵活等。在这些问题的影响下，零售企业很难顺利地完成数字化转型。

实体门店O2O全渠道的构建路径

中心爆破：升级门店管理系统

全渠道零售是零售门店为满足消费者随时随地的购物需求，分阶段对销售管理系统进行重构，将实体门店、电商渠道、移动商务渠道串联在一起，开展线上线下一体化销售，让消费者享受无差别购物体验的零售模式。

过去，传统实体零售商抵触电商；目前，传统门店主动利用大数据、移动互联网对零售业态进行改造，将线上、线下零售打通，开展全渠道营销，将传统门店在零售方面的作用充分发挥出来，这种基于移动互联网的营销模式提升了时间利用效率，拓展了消费者的商品选择范围，缩短了消费者与门店之间的距离，让门店与消费者建立实时互动，以最大的可能促进消费者消费。

传统门店全渠道的构建要经历三个阶段，解决七大问题，具体分析如下。

在移动互联网时代，消费者购买产品的过程可分为五个阶段：搜索商品——横向比较——下单购买——使用商品——分享体验。为此，门店必须改变原有的业务管理模式，在关键节点与消费者进行零距离接触，在整个消费过程中与消费者实时互动，了解消费者的决策变化，为消费者提供合理的建议，提升商品搜索效率，帮消费者进行横向比较，引导消费者参与使用体验及分享传播，这个过程就是所谓的"中心爆破"。

（1）ERP软件功能升级

传统零售门店使用的 ERP 软件功能比较简单，就是 POS 收银、管理库存，要想构建全渠道零售，零售门店必须升级原有的软件，增添四大功能：

①会员管理功能，包括对顾客信息进行分类、对数据进行精准分析、分级管理、服务管理；②市场推广功能，包括对顾客资源、营销费用、营销活动的推送进行有效管理；③移动营销功能，即线上处理订单，对移动支付进行管理；④营销分析功能，即对店铺的销售情况、商家绩效进行分析，开展异常检测分析。

目前，软件公司的研发重点就是全渠道零售功能，很多 ERP 软件商都推出了 ERP 软件全渠道功能升级服务，有全渠道构建意愿的门店可以寻找原来的软件供应商购买该项服务，升级自己的 ERP 系统。

（2）后台管理职能升级

传统门店的后台管理有五大核心职能，分别是采购、销售、库存、财务、人力资源，全渠道零售的构建需要全面升级这些职能，并增加一些新职能，比如会员服务管理、订单处理、免费配送、网上商城维护。

一是会员服务管理上，定期向会员推送信息，采集并分析消费记录，为顾客提供积分兑换服务，制定并维护积分规则，引进新粉丝，做好粉丝维护。

二是订单处理中心上，负责接收移动端的订单，协调供应商备货。

三是配送中心上，负责同城配送，优化消费者的物流体验。

四是网上商城维护上，对来自网上商城及第三方网上商城的订单进行处理。

国内 ERP 软件公司开发的 ERP 软件拥有比较实用的网商功能，相较于天猫、京东等网上商城来说，传统零售门店使用这些软件运营网上商城可减少投资，方便维护。为了用好 ERP 软件，传统零售门店要选择拥有较强学习能力的店员，对其进行知识技能培训，提高门店的造血能力。

（3）门店促销形式升级

传统零售门店与消费者接触的渠道比较单一，只有在顾客进店后才能与顾客交流互动，只能在营业时间开展销售活动。而在全渠道零售模式下，将门店、手机微商城、网上商城连接在一起可构建一个全天候的业务系统，会员服务团队可随时与消费者交流，回答消费者的问题，随时达成交易。

传统零售门店的导购人员要面对面地向消费者推销商品，而在全渠道零售模式下，会员服务团队可定期制造与消费者的接触点，一边开展商品促销，一边对会员给予人文关怀，做好会员维护。

会员服务团队每周都要跟踪会员在网上商城的浏览行为与购买行为，根据会员关注的热点设计活动主题，通过分析会员积分等级、晋级记录、兑换记录、消费记录找到有价值的顾客，有针对性地推送营销文案，进一步提升这部分顾客的忠诚度。另外，为了满足门店的实际经营需求，会员服务团队要定期对会员的积分规则、会员等级、积分兑付规则进行复盘。

订单处理：打通 O2O 会员体系

近来，随着第四代零售业态流行、发展，人们逐渐接受了无现金支付、刷脸支付等新型的支付方式，消费者也对零售店服务提出了越来越高的要求，传统的人工导购、一手交钱一手交货模式逐渐失去了对消费者的吸引力。零售企业必须关注消费者全新的购物习惯，了解其对购买过程的体验要求，满足其购物期待。

（1）上行阶段：门店看货，线上下单

一是线上线下服务一体化。

售前服务：消费者通过移动 App 或微店进行业务咨询，搜索感兴趣的商品，到店后通过扫描二维码找到所需产品，在导购人员的引导下进行试穿、试用，最终下单购买。

售中服务：对于在某个时期内将商品加入购物车但没有付款的会员，管理人员要定期向其推送商品促销信息，提升会员的满意度，让他们通过购物车下单购买商品，确认支付，并可对订单进行修改，对订单状态进行查询。

售后服务：零售店铺要为会员提供物流状态查询、退换货、商品保修服务，接受并及时处理顾客投诉。

二是会员社区一体化管理。

从本质上看，新零售就是用新技术为消费者营造一种全新的生活状态，让他们体验一种从未体验过的生活方式，通过零售门店将消费者与互联网结合在一起构建一个会员社区，组织会员互动，让门店有机会通过"体验"对产品进行增值销售，获取丰厚利润。所以，在全渠道零售领域，构建一个有热度的会员社区将铸就门店的核心竞争力。

会员服务管理团队对门店会员进行精细划分、有效管理。比如将3000～5000名用户划归为一个社群安排专人管理。如果门店会员数量超过5万，门店就可以引入智能机器程序辅助人工进行管理。

会员服务管理团队要注重会员的参与度，而不是一味地推销商品，要积极组织在线交流，激发用户的参与感，设计一些会员感兴趣的话题，释放会员活力。另外，会员服务管理团队要通过语音与会员交流，积极响应会员诉求，鼓励会员在社区担任职务，解决一些常见问题，对会员留言进行科学管理。

对于会员社区一体化管理来说，关系营销是核心。管理人员要了解自己负责的会员的性格特点，组织开展问卷调查，从舆论层面对用户进行监督、引导，增强用户对社区的凝聚力，为运营端提供更多优质的用户资源。

（2）下行阶段：线上下单，门店发货

全渠道零售从崛起到成熟要打通五大系统，分别是订单中心、会员平台、财务系统、服务平台、物流平台，对 ERP 软件进行集成应用，线上下单、线下发货。

手机 App 和微商城构建。手机 App 和微商城可以连接用户，是传统门店构建全渠道必备的两种工具。对于新晋会员，零售门店可以使用微商城进行连接，通过手机 App 做好宣传。因为手机 App 可为各级会员提供各种服务，当然，门店每年都要对 App 的功能进行升级。

实体店的配送点功能。消费者下单后，零售门店要做到快速配送。作为全渠道零售门店的窗口，配送点不只负责货物配送，还要让消费者感受到真实的服务体验，以快速、便捷的配送服务优化消费者的购物体验。另外，门店还要对整个配送流程进行规范。

SOP（Standard Operation Procedure，标准作业程序）就是用统一的格式对配送时间标准与行为要求进行描述，对配送业务进行指导、规范。SOP 的核心是对细节进行量化，也就是对关键控制点进行量化。配送人员要通过 SOP 培训创建绩效考核制度，提升团队运行效率。

传统门店开展全渠道零售是进入互联网时代的必然选择，只有对消费者需求进行深入了解才能重新掌控消费者的消费行为，推动线上、线下融合，创建一种全天候服务的商业模式。在这种转型升级趋势下，未来 5 ~ 10 年，对门店零售管理的定义必将继续改变。

数据分析：有效降低引流成本

零售企业通过数据分析可获知很多有价值的信息，比如商业模式的可行性、推广渠道效率、商品结构及物流等环节存在的问题，还能对改进效果进行有效评估。

（1）数据类型

线上平台的数据主要来自网站统计工具、客服回访问卷投诉、ERP 系统等。

从网站统计工具获取的数据主要包括用户访问量、新 UV 比例、转化率、浏览量与浏览时长、流量来源、用户浏览网页的时间、搜索分析、网站热点等。

从 ERP 系统获取的数据主要包括订单量、毛利率、顾客流失率、客单价、二次购买率、周转率、会员注册数量、会员转化率、缺货率、动销率、商品价格变化、忠诚顾客转化率、SKU 数量变化等。

从客户回访问卷投诉获取的数据包括投诉分类、品类印象、网站功能印象、UI 印象、价格印象、售后印象、物流体验印象等。

上述数据并不是相互独立的，它们之间存在密切联系，比如零售企业要对促销活动效果进行分析，就必须对顾客访问量、下单转化率、促销商品与常规商品销量等数据进行分析。

（2）数据分析方法

首先，数据专员提供基础数据，部门共同分析。

有些零售企业为了做好数据分析专门成立了一个数据分析部门，该部门的职能包括提供数据、分析数据。通过这种方式，企业能获得比较准确的基础数据，但数据分析结果未必准确。因为数据分析人员对企业各项业务及信息缺乏了解，很容易得出错误结果。

举个例子，某品类商品的销量突然下降，其原因可能是推广方式改变或者季节变化。但数据分析人员对这些情况并不了解，很有可能得出"销量下降是因为消费者不喜欢"之类的结果，导致商品部门做出降低这类商品比重的错误决定。

所以，零售企业为了对数据做出科学分析，保证数据分析结果的准确性，应该设置数据专员，让其提供准确的基础数据，然后将数据交由相关部门进行综合分析。比如，分析转化率降低的原因，企业就要将这些数据交由市场部、商品部、运营部进行综合分析，找到导致转化率降低的因素。

其次，采用目标分析法分析新项目。

如果是一个新项目，零售企业可以用目标分析法对其商业模式的合理性、可行性进行分析。目标分析法指的是通过对"新客户引入成本"及"忠诚顾客转化率"等因素的分析，合理目标的设定，对商业模式的可行性做出科学判断。

比如，某 B2C 网站获 5000 万元的投资，计划支出 2500 万元做推广，目标是每天完成 5000 单。一般来讲，平均每月购物一次就可视为忠诚顾客，每天完成 5000 单需要 15 万名忠诚顾客。假设引入一名新客户需要支出 50 元，忠诚顾客的转化率是 30%，那么要发展 15 万名忠诚顾客就需要 2500 万元。

但通过数据分析发现，引入一名新客户不只花费 50 元，且忠诚客户转化率不足 30%，这样一来，推广目标就无法完成。在此情况下，如果预期目标与实际目标的差距不大，企业可以对内功进行优化来向预期目标靠拢；如果二者差距很大，就表示商业模式不可行，零售企业要及时对商业模式进行调整，并在此过程中再次进行数据分析。

在众多数据中，零售企业要格外关注三类数据：一是流量引入成本，二是新客引入成本，三是忠实顾客转化率。这三类数据，第一类要交给市场部，第二类交给市场部、商品部和运营部，第三类交给运营部和商品部，分别进行分析。

为考核推广效果，零售企业要对流量、顾客停留时间、转化率等数据进行分析。零售企业流量的增减与市场推广工作是否有效密切相关，而市场推广工作的质量与效率和顾客停留时间、页面流量、转化率等数据密切相关。

对于推广效率来说，新客引入成本是关键绩效指标。新客引入成本指的是为了达成推广目标需要投入的资金。比如，零售企业使用某种方法开展推广活动耗费 1 万元获得了 1 万个 UV 及 500 个注册，达成了 100 个订单，那么每个 UV 消耗资金 1 元，每个注册消耗 20 元，每个订单消耗 100 元，其新客引入成本就是 100 元。

优化运营：提升顾客的转化率

市场部门的工作就是尝试用各种推广方法推广商品，对每种推广活动的投资回报率进行计算、分析，根据分析结果找到回报率最高的推广方式，对其进行关注、优化。

在降低新客引入成本、提升顾客转化率方面，提升内功是最基本的方法。具体来看，内功包含了很多内容，比如促销方式、商品结构、网站体验、顾客回访投诉、物流体验等（见图6-2）。

图 6-2 零售企业的优化运营

（1）商品结构优化

商品结构优化主要是为了了解顾客需求，引进新商品、淘汰滞销商品，让商品结构与消费者需求相契合。为保证商品结构优化效果，零售企业要创建商品维度表，对价格、品牌、型号、规格等维度进行全面考虑，根据维度对商品进行细分，对各类商品在各个维度的销量进行分析，使高销量商品所占比例不断提升，低销量商品所占比例持续下降。

除销量外，引进、淘汰商品还要对很多其他因素进行考虑。比如，商品是否是结构商品：如果是结构商品，销量再低也不能淘汰；如果是季节性商品，零售企业还需对季节因素进行充分考虑。

（2）促销方式优化

促销方式的应用效果要利用数据分析进行评估，为了保证评估效果，零售企业每开展一次促销活动就要在 ERP 系统中创建促销单据，合理设置促销主题与商品，安排好促销档期。另外，零售企业要使用 BI 工具对促销商品的销量变化，毛利损失，注册的新会员、老会员购物频次的变化，常规商品销量变化等数据进行全面分析，对促销效果进行综合评估，为接下来的促销活动提供有益指导。

（3）网站体验优化

网站体验优化有一个公式：UEO= PV/OR，其中 UEO 表示用户体验优化，PV/OR 表示站点跳出率。网站体验优化的目的就是让顾客享受轻松、愉悦的购物体验，留住顾客，降低顾客跳出率。要想做好网站体验优化，首先要优化网站定位，对顾客特点进行充分了解，比如优化网站布局，带给顾客更好的视觉体验；打通购物渠道，让顾客的购物过程更加流畅。然后，通过热点分析找到顾客的关注点，将相关内容安排到醒目位置；通过跳出率分析找到顾客容易跳出的页面，添加顾客感兴趣的内容，从而留住顾客，降低顾客跳出率。

（4）顾客印象问卷投诉分析

通过对顾客印象问卷投诉数据进行分析可以知道哪些地方引发了顾客不满，进而在网站创建投诉通道，定期对新老客户进行回访。客服人员重点要对生成订单但没有提交订单的顾客进行回访，通过分析找到影响顾客提交订单的因素，是商品价格、售后服务，还是物流，从而有针对性地提出解决方案，实现持续优化。

新零售时代的实体门店管理策略

新零售时代的实体店转型思路

在新零售时代下，零售产业链的组成将更加完整。在大数据的驱动作用下，传统零售模式也将发生重大变革。随着新零售的诞生与发展，经营者的思维发生了变化，数据化零售成为行业未来的主要发展方向。

消费者成为零售行业的运营核心，这要求商家对消费者的消费行为、消费心理、消费习惯等进行全方位分析与把握，拉近与消费者之间的距离，促使零售产业不同环节之间实现有效连接，提高营销针对性，构建完整的消费体系，形成新零售生态链并提高其发展的持续性。

在传统零售时代，零售行业的从业者对大数据、云计算的了解十分有限。门店不注重会员用户的购买率、退换货率、顾客流失率等数据的获取与分析，难以发挥数据资源的价值。在新零售时代，零售商应该提高对数据资源的重视程度，以自身运营过程中产生的数据为切入点，从各个方面了解目标消费者的情况，提高数据资源的利用率。

零售行业在运营过程中出现的很多问题都能从产品、消费者、实体店铺三方面找到答案。举例来说，在一定区域范围内，客单价受产品、消费者的消费能力、实体店铺运营相关因素的影响。客单价下降时，零售企业要从这三方面出发来考虑问题，通过分析相关数据制订有效的解决方案，提高经营效率。由此可见，产品、消费者、实体店铺中蕴藏着零售行业发展的商业逻辑及经营之道。

在网络渠道开展运营的企业基于大数据、云计算等先进技术手段的应用，能够全面了解消费者的相关情况，客观、有效地判断顾客群体的消费能力，但这类企业在产品和体验方面存在短板。因此，互联网企业应该布局线下，对线下渠道的店铺与产品优势进行整合，严格把控产品质量，满足消费者的体验需求，改革传统零售模式，进行更大范围的市场扩张。

零售行业的发展阶段不同，对产品、实体店铺、消费者的侧重程度也存在区别。产品与实体店铺是新零售阶段零售行业的侧重点。换言之，零售企业要想实现"新零售"，就要抓住消费者的消费需求，充分了解消费者的相关信息，为消费者提供优质的体验与服务。

在传统零售时代，商家卖什么，消费者买什么。但在新零售时代，消费者占据了主导地位，商家应该根据顾客的需求开展运营活动，利用大数据技术对顾客的消费信息进行获取与分析，挖掘顾客的个性化需求及消费偏好，据此调整商品结构，适应新时代的市场需求。

在新零售时代，零售商要想提高经营业绩，就要采用符合消费者心理、能够体现自身独特优势的零售模式。包括线上零售、线下零售在内，都应该运用数据思维，打造完整的数据存储系统，引进先进的技术工具，在获取足够数据资源的基础上，进行数据分析与管理，并将分析结果应用到自身运营的各个环节，突破传统思维模式的限制，向数据化零售转型。

在新零售时代，零售商既要从产品、消费者、实体店铺三方面出发优化经营，也要注重场景打造、提高营销针对性、优化服务体验。除此之外，还要在线上渠道开展营销，充分发挥网络平台的优势，扩大企业品牌及产品的推广范围，覆盖更多受众群体，实现品牌信息的广泛触达，引导更多消费者到实体店铺参与体验。在具体运营过程中，零售店铺要不断优化自身的服务体系，达到预期的销售目标。

从长期发展角度来看，零售商应该建立顾客数据体系，对顾客实施精细化管理，提高营销针对性，促成更多交易。在与消费者建立密切关系的基础上，门店可以吸引更多顾客到店消费。为了加深顾客的印象，门店不妨经常推出一些促销活动，给顾客让利。总而言之，零售门店要经过长期运营建立 IP 品牌，提高自身的品牌影响力。

面对瞬息万变的市场环境，随着时代不断进步与发展，零售商应该积极革新思想，主动学习新知识，引进新设备，发挥先进技术的支撑作用，体现自己在所属领域中独特优势，在市场竞争中占据有利地位。

效能管理：人效与坪效的结合

实体店要想实现转型升级，在电商化运营的过程中，要在现有基础上减少在物流配送、流量引进等方面的成本消耗，对于实体零售的运营，则要提高坪效与人效。在做到这两点之后，新零售的整体运营效率就会远远领先于传统零售和电子商务。

在发展新零售的过程中，实体店即便不能将自己的人效提高到与电商齐肩的水平，也要超越传统零售。另外，实体店还要降低物流成本与获客成本，保证这两方面的数据不会超过线上销售，从各个方面加速新零售发展。

（1）提升店员人效

如何提高店员人效？在这方面，我总结出了如下四点：员工在线、产品在线、客户在线、管理在线。

一是员工在线。

传统零售店应该针对员工推出手机 App，在 App 中融入即时通信功能，方便员工在 App 上为顾客提供咨询服务，并与线上运营对接。

员工在线非常重要，这是商家向消费者提供服务的重要保障。及时获取咨询服务能够减少消费者在购买过程中对商品存在的疑虑。比如，淘宝店铺通过淘宝旺旺向消费者提供服务，如果商家在旺旺上显示的是在线状态，则能够有效提高消费者对店铺的点击率。

二是产品在线。

在保证员工在线的基础上，店铺还要在 O2O 平台进行商品展示，向消费者提供比传统零售更加丰富的产品，并突出产品的高性价比。在这种模式下，所有员工都可以围绕消费者的需求开展自运营，打造重点产品，对消费者实施精细化管理。

三是客户在线。

为了使客户保持在线状态，商家要从员工与商品两方面入手。

商家要发挥员工的价值留住客户，逐渐吸引更多客户参与，并与他们保持良好的沟通互动关系。此外，从客户的角度来看，只有当平台拥有优质产品时，他们才会保持在线状态。为此，商家可以在商品上粘贴二维码和条形码，为顾客消费提供便利；也可以利用平台工具，针对顾客的具体需求提高营销的针对性、精准性。

商家只有做到员工在线和产品在线，才有可能实现客户在线。换言之，员工在线与产品在线是客户在线的前提。

四是管理在线。

零售商通过线上平台对内部人员进行管理考核即为"管理在线"，高效的管理能够提高员工的人均销售额，减少总体的成本消耗。

零售企业要给员工提供技术与工具方面的支持，帮助员工提高自身的工作能力与整体效率。在此阶段，企业要根据不同员工承担的角色，为其提供合适的工具。具体来说就是，如果员工负责补货，企业要为其提供货架识别摄像头，减轻员工的工作负担；如果员工负责店内运营，企业要为其提供电子价签，方便他们根据市场情况调整产品价格；如果员工负责店内的商品防损，企业可通过人脸识别摄像头对消费者的行为进行监督。

零售商要想提高促销人员的人均效能，可以采取以下措施。

一方面，促销人员要把消费者从线下引流到线上，方便零售商进行统一的会员管理。为此，零售企业要为员工提供二维码，顾客扫码之后就能与员工互动，获得咨询服务。

促销人员要充分了解产品信息，然后才能向顾客提供咨询服务，为此，零售企业要组织员工接受培训。在这方面，企业可通过将商品资料上传到手机 App 来降低培训难度及成本。如此一来，促销人员就能快速查询到商品知识，在顾客提出疑问时将相关信息通过线上平台发送给他们。

另外，零售企业要在掌握用户信息的基础上，实现用户与商品之间的高效匹配。促销人员在与顾客互动时，可利用先进技术分析顾客与商品之间的匹配率，获取用户在咨询过程中产生的行为数据，结合相关技术提高营销精准度，为客户提供符合其需求的商品。

此外，零售商要想打造良好的口碑，还要对促销人员的销售行为进行监督，获取员工与客户间的沟通记录，不允许促销人员怠慢顾客，或者假公济私售卖自己的产品。在传统模式下，零售商的技术条件有限，只能通过抽样的方法监督员工行为。目前，零售商可利用先进技术获取全样本数据，提高整体的服务水平与管理能力。

（2）提升门店坪效

实体门店要想在短期内提高线上订单量，可推出限时配送服务，或者以便利店业态开展运营。作为一种新零售业态，盒马鲜生是这方面的典型代表，它能够为附近的消费者提供半小时送货上门服务，通过这种方式，盒马鲜生大大提高了消费者的复购率，门店平均月度复购率达 4.5 次，年复购率可达 50 次，线上转化率 35%，门店坪效远远高出传统零售店。在"快"方面，便利店比其他零售业态更具优势，结合线上渠道的运营能够给消费者提供更加丰富的产品，使线上订单量远远超出线下订单量。

会员管理：获客、转化与留存

客户支持是电商平台发展的动力，为此，零售企业要通过多种方式聚集客户资源，并投入足够的成本。

在这方面，实体零售企业除了在推行会员电子化管理过程中投入有限的成本外，不会产生其他费用。虽然不用支出其他费用，但传统实体店仍要注重对流量资源的转化，推行会员制管理。很多零售企业发行代金券，促使用户使用代金券进行消费。

若企业能够在成本控制的基础上对流量资源进行转化，就能保证会员电子化的最终效果。在这方面，零售企业应该根据自身实力选择具体的运营方式。拥有较强实力的大型零售商可以推出自己的 App，并结合小程序运营；实力基础薄弱的小型零售企业则可直接推出微信小程序。

（1）提升会员留存率和客单价

客户变成会员后，零售企业要不断提高会员的留存率。在这方面，会员价和会员积分是比较常用的手段。将客户转化成会员后，接下来要做的是避免会员用户流失，增强用户黏度，为了做到这一点，很多企业选择实施会员积分制或制定商品的会员价。要想提高客单价，零售企业则需在明确商品类型的基础上进行具体分析。

低频商品：低频商品的购买频率较低，诸如电子信息类、服装类、化妆品等，这类产品能够长期储存，获客成本较高，商家为了保证自身运营，必须努力提高客单价。

高频商品：高频商品的购物频率较高，如生鲜产品，这类商品无法长期保存，消费者在选购时会重点考虑商品质量及送货效率。对于高频商品，应该将客单价控制在合理范围内，提高客户黏度。以生鲜产品为例，如果商家用促销手段让消费者一次性买下大量产品，最终，消费者只能将多余的产品扔掉，从而对商家产生不满情绪，不利于商家建立良好的形象。

（2）会员营销

会员营销要对会员进行细分，明确会员类型，根据其特点开展营销活动。一般来说，会员可分为五种类型：①注册但没有下单的会员；②首次下单的会员；③高忠诚度的会员；④高价值会员；⑤流失会员。

对于注册但没有下单的会员，商家要定期向其推送一些大额优惠券，吸引顾客下单，让他们对店铺服务产生直观体验。对于第一次下单的会员，商家要赠送一些有意义的礼品，比如印有公司 LOGO 的手机支架等，让顾客产生好感，吸引顾客重复下单。另外，首次下单的顾客对商家的特色与优势并不十分了解，商家可以通过包装袋或邮件向顾客传递相关信息，客服部门也要做好回访工作，加深顾客对商家的印象。

高忠诚度会员已多次、重复下单，商家可通过数据分析对其诉求进行全面了解，有针对性地向其推送内容，或者赠送 VIP 卡，保持其忠诚度。另外，商家还可以发起积分换购活动，礼品要有价值，有实用性，有吸引力，以形成口碑，刺激高忠诚度的会员主动分享传播。如果他们带来新会员，商家要给予一定的积分奖励。

对于流失会员，商家要了解流失原因，针对性地开展营销，发送优惠券以挽回顾客。至于高价值顾客，虽然他们的购物频率不高，但客单价非常高。对于这类会员，商家要向其推荐高价值商品，在满足其需求的同时获得更大利润。

供销管理：构建新型合作关系

目前，快消品流通体系存在严重问题，主要表现在以下几个方面：渠道为王、商品流通成本高、为数不多的几个大品牌把控渠道、供应商各主体（厂家、终端商、经销商等）各自为战，增加了零售企业的运营成本，降低了运营效率。在这种情况下，不仅大牌厂家的规模化生产需求无法得到满足，小厂家也难以生存发展，终端零售企业更无法根据消费者需求组织商品，消费者需求无法得到满足。

要想改变这种局面，零售企业必须立足全局重新对快消品流通模式进行规划，打破各自为战的局面，构建一种全新的商品流通体系，提升商品流通效率，降低商品流通成本。要做到这一点，零售企业必须进行联合、整合、合作。发起联合、整合活动的主体可以是零售企业、厂家，也可以是资本、平台。总而言之，对于零售企业来说，联合、整合是可持续发展的必然选择。

此前，零售商和供应链合作伙伴之间是一种相互压榨的对立关系，尤其是作为甲方的零售商凭借渠道优势，向供应商索要通道费、拖欠货款等，后者利益得不到充分保障。商务部、发改委、税务总局等多个部门曾经针对这一问题联合出台了《零售商供应商公平交易管理办法》，但实施效果并不理想。

目前，零售商丧失了渠道优势，供应商可以选择实体门店、PC、移动等各类渠道，尤其是那些品牌建设较为成功的供应商更是不乏合作伙伴。很多新商业项目招商困难，招商成本高，部分零售企业想要调整经营品类，但却因品牌商较高的代理门槛受到较大阻碍。

这种转变是市场变革造成的，没有谁对谁错，但想要在激烈的市场竞争中存活下来，零售企业需要和供应商等合作伙伴建立利益共同体乃至命运共同体，共同为消费者创造价值。在与供应商构建新合作关系方面，零售商可以从以下四个方面入手。

（1）利润分配方式公平合理

在收费方面制定统一的标准，将收费水平与产品销量结合起来，剔除毛利率贡献低、销量少的商品，不断突出门店的竞争优势，加速整体运转。

在进行价格谈判的过程中，零售商可以把自己的加价率、市场价格监控信息提供给供应商，防止供应商漫天要价，给双方合作带来不良影响。

（2）不断打造营销爆品

在与供应商合作的过程中，零售商要为其提供优质的服务，将自身的销售情况、商品库存量、产品定价、消费者评价等提供给供应商，便于他们制订科学的生产计划与送货方案，从各个方面做好成本控制。

（3）创建并运营自有品牌

零售商要想扩大品牌覆盖范围、提高商品控制能力、增加利润所得，就要创建并运营自有品牌。在具体运营过程中，零售商要注重产品打造，在保证产品质量的同时，注重外观设计、价格制定，采用合适的方式进行营销推广。

为了提高零售渠道的品牌影响力，自有品牌的包装应该与零售渠道保持一致，这样就能借助商品的高频特征不断扩大品牌覆盖范围。与此同时，还要体现出品牌独有的风格和优势，更好地对接用户的消费需求。

（4）加强单品管理

在进行单品采购时，除了采购商品外，还要对单品运营过程实施系统化的管理。为此，产品经理要始终围绕客户需求开展运营，逐步提高客户黏度并促进产品销售，将商品成功推向市场，在获取利润的同时积累良好的口碑。

所有零售商都需要认识到一点，在渠道垄断被打破的局面下，零售商与供应商的关系已经发生了重大转变，市场竞争不再是简单的企业之争，而是供应链之争，想要长期生存并不断发展壮大，零售商需要积极和供应商等合作伙伴构建新型合作关系，互惠互利、合作共赢才是长久之计。

新零售并非是凭空出现的，它和传统零售存在着密切的关联，在继承传统零售的同时，又存在一系列的创新，能否成功转型新零售，关键不是炒作"颠覆""革命"等概念，而是要适应变化，迎合用户需求，让消费者感知企业为其创造的价值，认识到企业对其的重视与尊重。

【案例】良品铺子：实体门店的数字化转型

数字化转型：由内而外的变革

随着移动互联网在零售行业深入应用，一些新技术、新模式不断涌现，再一次给传统零售企业造成了巨大冲击。原本，在互联网电商的冲击下，尤其是随着消费者网上购物习惯逐渐养成，传统零售企业就已经举步维艰，转型成为其突破困境的必然选择。

2006 年，良品铺子诞生。迄今为止，良品铺子的线下门店已有 2100 多家。2017 年，良品铺子全渠道销售额 72 亿元。虽然是传统零售企业，但近几年，良品铺子积极拥抱互联网，进行数字化转型，并形成了一套独属于自己的互联网转型方案。

为应对互联网电商的冲击，紧跟时代发展步伐，良品铺子积极向业内领先企业学习。比如，良品铺子向苏宁学习创新转型精神，向小米学习互联网营销与用户维护策略，向杜蕾斯学习社交营销，向 7-11 便利店学习精细化管理、人性化管理等。为了做好数字化转型，良品铺子从内、外两方面入手：在内部改变管理者的思维，对组织架构进行调整；在外部与行业领先企业合作，比如与 IBM、SAP 等企业合作，借外部力量推动转型（见图 6-3）。

图 6-3　良品铺子由内而外的变革

（1）转变管理者思维

企业管理者的思维必须随着时代发展不断革新。在企业内部管理方面，良品铺子一直推崇"小跑纠错""边行动边瞄准"的做法，一旦发现问题，会立即通过调整组织结构予以改正。进入移动互联网时代之后，良品铺子更是有意培养管理人员的互联网思维。比如，为了培养管理者的全渠道融合思维，良品铺子先是组织管理人员进行培训，然后安排管理人员轮岗学习，以商品为核心，将负责门店业务的员工调到电子商务部门，然后再将电子商务部门的运营人员抽调到各个门店，以实现思维互换。最后，为了增进员工对全渠道业务的理解，良品铺子还组织开展了很多业务实践。

（2）组织架构和员工

层级过多、沟通不畅、决策滞缓是传统企业组织架构的弊病，为了适应新的市场环境，良品铺子对组织架构做了调整，最终形成了三个层级的组织结构，一是市场经营层，二是资源能力层，三是规划策略层。

良品铺子的数字化转型与其他传统企业的数字化转型不同，没有任何强制意味，不是将网络订单一股脑地交给实体门店之后就弃之不顾，而是先让门店与饿了么合作，让门店员工真正感受到电商渠道带来的效益。之后，门店员工会主动学习电商运营策略，主动引进电商后台系统。这样一来，在公司发布全渠道战略之后，各门店会积极响应，照章执行。

（3）借助外力

良品铺子在数字化转型过程中一直遵循一条策略，即单渠道—多渠道—全渠道。在全渠道战略推进的过程中，良品铺子积极寻求外部合作。2015 年 9 月，良品铺子与 IBM、SAP 合作，斥资 5000 多万元建设后台系统，借 IBM 的技术优势打通前台、中台和后台，对 10 多个系统、33 个线上平台做了整合，最终实现了全渠道会员管理。

良品铺子现在使用的自动补货系统可通过大数据系统自动匹配，实体店铺每销售出去一件商品，后台系统就会自动减少相应的库存量。如果某商品的库存量不足以支撑 3 天的销售，系统最低库存预警池就会发出警报。同时，总仓库会收到门店提交的配货通知，及时配货，有效减少缺货事件的发生频率。

全渠道转型的关键在于所有的客户信息、订单信息、资金流信息使用了一个系统。在所有数据平台打通后，订单来自自有平台也好，来自第三方平台也罢，良品铺子都不在乎，顾客只要选择自己喜欢的方式下单即可。

进入移动互联网时代之后，所有行业企业都必须转变思维，精准定位目标顾客，明确顾客的真实需求，实时对自己的业务方向进行调整，以始终保持竞争优势，在激烈的市场竞争中获胜。

数字化引流：打造流量新入口

从 2017 年 6 月到 10 月，在阿里巴巴的帮助下，良品铺子初步完成了对 2100 家线下门店的智慧化改造，包括让这些门店实现数字化，将线上渠道、线下渠道整合到一起，将自己的会员支付、财务、系统与阿里巴巴对接，整个过程涉及了客流、交易、会员、支付、商品等多个方面的内容。

经过这次初步改造，良品铺子线上、线下的会员数据全面打通，消费者可在线下门店通过手机淘宝下单，也可以使用二维码付款。改造完成后，线下门店变成了一个集交易、物流、服务、互动于一体的场所，各个环节产生的数据都可录入消费者数据库，切实提升消费者的购物体验。

消费者在良品铺子线下门店购物，出示手机淘宝中的 Taobao Passport，经 POS 机扫码后可一键完成结算付款、会员识别、积分累计、权益核销。

因为门店的会员体系已经打通，所以消费者可通过淘宝 Passport 对自己所有的会员卡进行集中管理。

消费者、门店、导购员之间建立了无障碍连接，消费者购物后可获得极致关怀。比如，消费者打开手机淘宝就能领取系统自动推送的优惠券，前往附近的门店使用。

从门店管理方面看，会员系统打通后，良品铺子线下门店可对进店顾客进行数字化识别与分析，让门店与消费者建立更紧密的连接。

将进店顾客数字化是"智慧门店"最大的特点，为以消费者为中心对"货""场"进行重构奠定了扎实的基础，还有利于在全渠道范围内开展消费者运营，将线下门店作为流量入口的意义真正发挥出来。

换言之，对于传统零售业来说位置是关键，它决定了一个门店的客流量大小与客户类型，门店会根据这些内容安排商品与服务，形成自运营闭环。但进入互联网、移动互联网时代之后，消费者实现了数字化，不断向线上渠道转移，传统门店的客流量越来越少，门店对消费者的了解程度越来越低，而且重构商品与服务的动力严重不足。

近年来，传统零售业的房租成本、获客成本不断攀升，良品铺子也承受着同样的经营压力。随着企业内部信息化改造逐渐完成，良品铺子迎来了对门店进行数字化改造，打通线上线下，推行全渠道营销的最佳时机。

由此可见，对于智慧门店来说，门店客流数字化是关键。之前，良品铺子系统收录的都是门店的会员数据，而阿里巴巴生态体系则可以利用地理位置、高德地图、手机淘宝绘制出店铺周边的会员热力图，对店铺位置是否合理，店铺是否具有销售潜力做出科学判断。更重要的是，借助阿里巴巴生态体系收录的数据，良品铺子可丰富会员标签，不再只以电话号码做标签，而是为会员增添了更多年龄、性别、区域、交易特征、互动数据等，从而开展更精准的会员营销。

这就表示，良品铺子在内部信息化基础扎实之后，可以通过与阿里巴巴、京东等互联网企业对接，拓展自己的经营范围（比如与阿里巴巴合作之后，将服务范围从店铺会员拓展到阿里巴巴的会员），丰富会员维度，开展更精准、更广泛、更深入的数字化运营。

从良品铺子与阿里巴巴合作打造"智慧门店"这一事件来看，两者之间的合作基本围绕以下几个模块进行。

智慧客流：消费者进店后，利用先进技术对单一顾客进行综合识别，获取更多顾客信息。

智能导购、智能交易：顾客进店后，店内的智能货架为顾客提供智能导购服务，提升整个店铺的成交量与转化率，即便交易没有达成，也能将顾客数据留存下来。此外，店铺以支付宝、微信等体系为基础开展智能交易。

数字化运营：实现全渠道销售

自新零售提出以来，不同行业、不同企业对其产生了不同的理解。良品铺子被誉为"新零售典范"，用全渠道运营实践证明新零售的核心就是数字化运营。事实上，阿里巴巴的数据驱动也好，良品铺子的数字化运营也罢，都体现了大数据、数字化和用户体验。

通过良品铺子的运营实践可知，要想成功践行新零售，企业不仅要做好战略布局，还要引入先进技术，实现数字化。在万事万物都与互联网相融的时代，只有融合了新技术，实现了数字化，打通了全渠道的新零售才能带给消费者极致的购物体验。

（1）新体验让新零售更具价值

开展数字化运营之后，顾客可以享受到更加便利的购物、更高效的服务、更综合的体验。通过开展数字化运营，良品铺子革新了用户体验，进一步提升了品牌价值。

2017年年初，良品铺子与饿了么平台合作，推出"1小时年货到家"活动，得到了消费者的大力支持。只要所在区域有良品铺子的线下门店，顾客通过饿了么平台下单，就能在1小时内收到商品。对于传统互联网电商来说，影响其购物体验的因素除产品外就是送货速度。良品铺子通过外卖零食本地化、实时化，有效地解决了这一问题，带给顾客全新的购物体验。

便捷度。良品铺子通过全国2000多家线下门店，借助饿了么的快速配送体系，缩短了消费者的购买路径和商品送达时间。

参与感。良品铺子与饿了么合作为顾客提供本地化生活场景，吸引用户自发地参与到社交及购物活动中去。

良品铺子与饿了么的组合表现出了巨大的商业价值，二者的合作不仅是用户入口、营销推广、平台规模等方面的浅层次合作，而是整合了本地生活消费生态；不仅相互提供数据支持，实现了线上、线下联动，而且使转化率与成交率得以大幅提升。

（2）打通全渠道布局新零售

良品铺子的数字化转型顺应了信息获取手段、沟通交流手段的变化，不是刻意为之。为成功实现数字化转型，良品铺子不断向不同行业的先进企业学习，丰富自己的理念与技能。同时，在数字化转型的过程中，良品铺子还积极寻求对外合作，与很多先进企业建立了合作关系。最终，良品铺子通过数字化打通了5条渠道，如图6-4所示。

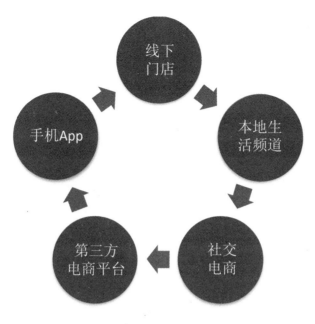

图 6-4　良品铺子的全渠道战略

线下门店。良品铺子在线下拥有 2100 多家门店。

本地生活频道。良品铺子和淘点点、京东到家、饿了么、口碑外卖等平台建立合作关系，同时与支付宝、微信、大众点评合作打通线下支付渠道。

社交电商。良品铺子通过微博、微信、百度贴吧、QQ 空间等媒介与消费者互动，引导其购买产品，实现流量转化变现。

第三方电商平台。良品铺子在京东、天猫、一号店等电商平台开设旗舰店。

手机 App。良品铺子非常重视手机客户端的构建，认为其将发展成为最高效、最强大的一条渠道。借助手机 App，前面 4 条渠道可全面贯通，良品铺子可以和消费者建立实时连接，为其提供更精准、更极致的服务。

在信息化和数据驱动下，良品铺子的全渠道模式形成了独有的功能，即"通"和"同"。"通"指的是各个渠道全面贯通，消费者的个人信息全面打通，比如会员等级、购物偏好、会员权益、性别和年龄等。"同"指的是消费者在不同渠道购物可享受相同的购物体验。

全渠道解决了"通"和"同"这两大问题，所有的零售企业都能受益。一方面，零售企业将迎来更多成交机会，将有更好的条件开展精准营销；另一方面，零售企业的运营效率、成交效率也能得以有效提升。

（3）良品铺子的"新四化"运动

继数字化运营之后，为进一步做好全渠道营销，良品铺子提出了"新四化"运动。

一是门店互联网化。利用先进技术，围绕实体门店，打通全渠道、全会员、全数据。

二是社群化。将微信、微博打通，开展社群营销。

三是本地社区化。与饿了么等线上外卖平台合作，以线下门店为中心，为本区域的消费者服务。

四是公司所有业务电商化。进一步与线上渠道融合，让公司所有业务都实现电商化。

良品铺子对新零售的看法与阿里巴巴相同，认为未来纯电商与纯实体门店将消失，线上与线下不再泾渭分明，商业活动电商化、数字化是大势所趋。目前，良品铺子将经营重点放在数字化方面，这是线上销售和线下实体门店最本质的区别。

在传统门店看来，消费者的一次购物活动就是一次交易，但在实现了全渠道数字化改造之后，良品铺子会将所有与之发生交易的顾客信息记录下来，包括顾客发表的关于食物、健康等方面的评论，系统会对这些内容进行精准分析，以加深对顾客的了解，使顾客标签更加丰富、完善，从而开展精准营销。

第 7 章

决战新物流

新零售重构传统供应链

构建新零售时代的数字化供应链

新零售驱动下的数字化供应链

近年来，我国大力推行创新驱动发展战略，在该战略的引导下，我国各行各业都出现了很多新模式、新业态、新技术，其中新零售自提出以来就热度不减，始终是热门话题，引得线上电商、线下传统零售企业纷纷试水。

"新零售"自提出以来就吸引了很多人对其进行释义，对这些定义进行总结可以得出新零售的两大特点：第一，以消费者体验为中心；第二，以数字化为核心驱动力。零售业态的变革，线上线下的融合体现出来的是消费行业及零售行业商业模式、物流与供应链运营模式的变革，这一切都深受新零售"以消费者为中心""以数字化为驱动力"两大特点的影响。

（1）以消费者为中心

相较于传统零售模式来说，新零售最大的变革体现为"以消费者为中心"。进入新时期以来，消费者的消费诉求发生了巨大变化。过去，消费者看重的是产品功能；近来，消费者愈发看重生活体验，希望通过购买产品满足自己对生活品质的追求。根据德勤的研究：目前，消费者需求变化已呈现出新趋势，对零售市场的参与者提出了新要求。

一是高效便捷。消费者不仅要求产品质量好、功能强大，而且对购买体验、购买场景提出了较高的要求，希望可以随时随地享受高效便捷的购物体验。

二是个性化。消费者的需求愈发个性化，这就要求零售市场的参与者增进对消费者的了解，有针对性地为其提供商品和服务，满足其个性化需求。

三是独特体验。消费者不仅需要大众消费节日，还希望有人分享独属于他们的特别时刻，获得独特的体验。近年来，消费者的消费需求愈发多元化，对消费体验的要求愈发智能化。在"以消费者为中心"的思想理念的指导下，整个零售行业的格局将得以重构，商业业态、商业模式、商业流通模式、供应链模式将持续升级，向更高级的形态发展演变（如图7-1）。

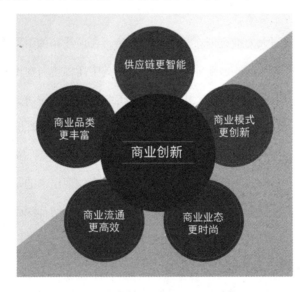

图 7-1 新零售时代的商业创新 [1]

---

[1] 资料来源：德勤研究。

（2）以数字化为核心驱动力

数字化是驱动新零售发展的核心动力，使整个产业生态链得以重构，推动其从 B2C 向 C2M 转变。传统的供应链顺序由内至外，在变革过程中，这种供应链顺序被颠覆，企业研发、生产、销售、物流等活动都将客户数据视为主要决策依据，要求企业对价值链进行数字化改造，包括对金融、技术、平台、制造等进行全面升级，对供应链各环节进行重构。在此过程中，拥有创新能力的企业将取得先发优势。

（3）供应链物流成为升级关键

在新零售不断发展的过程中，作为连接线上、线下的重要纽带，供应链物流将改变线上电商与传统实体商业之间的关系，让他们从对立冲突转变为相互融合，强化客户体验，提升交易效率。

目前，电商、传统零售企业、跨界企业都在探索新零售。亚马逊、阿里巴巴等电商行业的领军企业利用自己在技术、数据方面的优势在线下积极布局，通过线上线下融合进一步提升客户的忠诚度；沃尔玛、永辉超市等传统零售企业利用线下资源与入口布局线上，将消费者向线上引流，全面提升消费者体验；顺丰等其他尝试者则利用自己在物流方面的优势，推动线上、线下融合，逐渐在新零售领域布局。

在新零售模式下，各企业都在围绕新零售的业务模式构建端到端的物流，以期提升物流效率。以生鲜超市为例，生鲜超市的商品采购有两种方式，一种是货源地直采，一种是海外直采，极大地保证了食材质量。销售模式采用了 OAO 模式，也就是线上线下融合的多功能门店模式。

在此模式下，门店具有商品展示、仓储、销售、分拣、配送等多种功能，可以提升店铺坪效，加快货物分拣速度，提升消费者购物体验。支付端采用了线下扫码、线上 App 购物的模式，可以很好地收集用户数据。末端配送采用的是自建团队与第三方物流相结合的方式，有效提升了订单配送效率，真正做到了 5 公里范围内 30 分钟内送达。

但新供应链物流建设需要一定的时间,计划、网络、仓储、配送等方面有很多问题需要解决。比如,物流计划要对社区、客户做出精准感知;网络布局要兼顾零售与仓储配送,满足高频次、高效率、低规模的订单配送需求。同时,末端仓储要解决高租金成本问题,而且末端配送具有很强的波动性,服务水平无法得到有效控制。但现如今,线上、线下、物流融合已成大势所趋,接下来的问题就是如何做好供应链管理,提升现有的物流服务水平,解决这一问题最好的方式就是构建新物流(见图 7-2)。

从企业需求角度来看,新物流需要对销售进行精准预测,做好库存管理,消灭库存,降低物流成本。从消费者体验需求角度来看,新物流要缩短商品配送时间,提升商品配送效率,满足消费者个性化、多元化的需求,提升消费者的物流体验。从数字化的角度来看,新物流要利用行业全链条的大数据实现自动化、智能化升级,利用智能设备为客户提供智能仓储、智能物流、智能运输等服务。

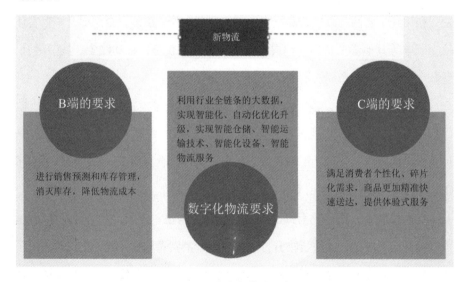

图 7-2 各方新物流需求

数字化供应链重塑企业竞争力

从竞争的角度看，新零售也是零售业发展转型的必然方向。零售竞争本质上是效率和成本的比拼，传统零售的规模型线性增长模式已进入效率和成本瓶颈期，越来越无力应对多元个性化、快速变化的市场需求，因此必须通过零售商业模式的创新转型，构建效率型的指数增长方式，拓展更广阔的发展空间。

在新零售时代，供应链管理的本质没有改变，仍是整合协调供应链中各环节的参与者，如供应商、销售渠道、仓库、门店等，将商品精准、高效地送到消费者手中，并实现整个供应链系统的降本提效，为消费者提供更好的服务和更优质的购买体验。

在传统零售模式中，供应链运营是以企业为核心，通过各种营销手段将商品"推"给消费者，达成交易，实现销售目的。与此不同的是，新零售是真正以消费者为中心的零售形态，供应链管理运作必须从围绕后端的采购、生产、物流等环节转为以前端销售和消费者为中心，构建新型供应链系统。

随着越来越多的新技术进入供应链领域，供应链的顺序必将发生较大改变，进而催生新的商业模式与商机。未来，如果所有的供应链、企业都围绕一套统一的数据运作，必将爆发出巨大的价值，其原因在于企业的差异化优势不只体现在产品方面，更多地体现在服务、质量、创新、速度等方面。借助这种高度集成的数字供应链，企业可以在各种差异化要素中进行选择。

目前，企业之间的竞争更多地集中在商品性价比方面。未来，企业竞争将转向其他方面，比如更优质、便捷的服务等。所以，企业在挖掘自己差异化竞争优势的过程中可以围绕供应链各个环节打造自己独特的优势。

实现数字化之后，整个供应链网络将呈现出如图 7-3 所示的五大特点。

一是永远在线。即整个供应链上的所有信息都处在实时运行状态，随时可以被获取。而且，在运行过程中，供应链拥有较强的变化能力，可以适应多种

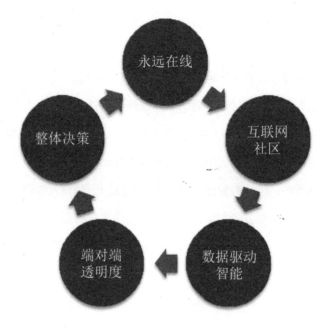

图 7-3　数字化供应链的主要特点

角色。

二是互联网社区。实现数字化之后，传统的上下游模式被彻底颠覆，一种全新的生态伙伴合作关系将得以构建。

三是数据驱动智能。在日常运营过程中引入可视化、人工智能、预测、优化等技术和功能，改进决策，不断地对决策过程进行优化，推动供应链实现持续发展。

四是端对端透明度。利用物联网技术对供应链进行整合，从源头开始对产品、服务进行追踪，直至其流入顾客手中。

五是整体决策。过去，企业只能根据片面的信息进行决策，导致决策不甚科学。在实现数字化之后，企业可获取全面综合的信息，从而做出真正意义上的科学决策。

由此可见，实现了数字化的供应链一定会全面提升企业价值，包括收入、资产效率、利润等。首先，从消费者的角度看，实现了数字化的产品就是一个新产品，会对企业收入造成较大影响。其次，从生产环节看，如果所有的产品都可以一次性通过检验，就能在很大程度上降低生产成本，提高产品生产利润。最后，传统的供应链物流运作效率较低，存在较大的浪费。在实现数字化之后，整个供应链物流运作效率将得以大幅提升，资产运作效率也将有所提升。

新零售是大势所趋，要坚持以消费者为中心，以数字化为驱动。在新零售模式下，企业将发生较多改变，将从内部供应链出发，借助物流提升整体运作效率。

以消费者为中心的新物流模式

在新零售环境下，消费品、消费行为、消费场所都有了全新的定义。在此形势下，消费端对整体消费体验的需求不断升级，更加多元化、具象化，具体包括以消费者为中心的消费模式、体验性更高的消费过程、高品质的消费商品、速度更快的物流。

（1）消费者画像

消费者画像指的是围绕消费者档案构建内容，通过对消费者的基本信息、购物行为进行分析，对消费者特征做出细致描绘。

对客户消费行为特征进行深入挖掘，零售企业可以据此开展精准营销，物流企业可以据此匹配运力，为用户提供定制物流服务。在战略层面，企业要以细分客户群体的特征和价值为基础，结合企业自身的特点制定营销战略；在品牌建设层面，企业要通过解析客户数据对品牌进行分类，满足潜在客户的需求；在定价和营销方面，企业要制定合理的价格，获取可观的利润，同时要面向不同的客户开展精准化营销、个性化营销。

同时，零售企业还要做到陈列个性化，为顾客提供个性化服务，了解顾客的购物习惯，做好线下实体店的商品陈列与线上移动端或网页的商品陈列，刺激消费者做出购买决策。在物流领域，物流企业不仅要有针对性地设计物流服务及物流配送方式，借此提升客户体验，还要对物流需求进行科学预测，提升机动性物流能力，预备库存、配送运力，推动物流快速发展。

（2）基于需求链的高效供应链

物流企业不仅要绘制精准的用户画像，还要做好以客户为中心的需求链数据管理工作，创建能实现科学预测、准确备货、高效配送的供应链。

（3）生产模式由 B2C 转向 C2M

与传统的生产模式和纯电商模式不同，C2M 模式倡导从客户需求出发，全面掌握客户数据，对生产链进行重构，满足客户愈发个性化的需求。

在传统的 B2C 模式中，生产企业是中心，采用的是流水线生产模式，可以完成大规模、标准化生产任务，中间环节非常多，包含了研发、采购、生产、销售、服务等多个环节，只有在终端环节才能与用户接触。再加上供应链无法协同，经常产生产能过剩等问题。

以互联网为媒介，B2C 模式可以直达用户，借集中化的平台降低中间成本，为消费者提供更多元、更便捷的选择，平台也能根据消费者数据制订更科学的生产、采购、研发计划。但从本质上看，B2C 模式依然是销售库存。但在 C2M 模式下，生产企业可以直接根据底层数据组织自动化生产与加工，使消费者的个性化需求得到有效满足。

突破"最后一公里"配送瓶颈

在新零售环境下，物流配送最后一公里是重要节点。现阶段，行业领先企业正在通过布局智能柜、微仓，采用众包快递、店仓一体化等方式解决最后一公里配送难题，以切实提升物流配送效率。

（1）店仓一体化：有效提升消费者体验

店仓一体化指的是门店同时具备商品展示、存储、分拣配送等多种功能，引入自动化物流设备、电子标签等设备提升物流配送效率，满足客户的快速体验需求。店仓一体化实现之后，门店货架就是线上虚拟货架，可以有效提升消费者的物流体验，为 5 公里内的消费者提供 30 分钟内快速配送服务。实体店铺可以利用电子标签、自动化合流区对商品进行分拣；配送端可以通过自建物流或与第三方物流合作为客户提供急速送达服务。

尽管店仓一体化可以提升客户体验，但该模式对仓储面积要求较大，增加了企业的租金成本，而且自建物流成本较高，物流配送范围有限，超过 5 公里难以保证配送时效，如果与第三方物流企业合作又很难控制服务水平。

（2）社区仓 / 微仓：提升生鲜配送效率

社区仓或微仓可以将仓储前置，现被生鲜行业广泛使用。比如，一直以来，生鲜行业的损耗都比较严重，产品无法标准化，冷链物流成本居高不下，其中物流问题最为关键。生鲜行业布局社区仓或者微仓之后可有效提升配送效率，使上述问题得以妥善解决，从而降低物流成本。

（3）众包物流：整合社会闲置资源

对于现有的物流配送方式来说，众包物流是一种补充，为物流配送人员不足问题提供了有效的解决方案，但物流众包要解决物流配送人员不稳定的问题。众包物流的运作流程是：发件人通过 App 发布订单，App 软件自动计算快递费用，快递配送人员接单，按照要求将订单配送到顾客手中，获得相应的报酬。

众包物流可以对闲置资源进行整合，针对月均快递业务量变化进行实时调整，实行轻资产化运作，拥有很多潜在的物流配送人员。但目前，该领域还未形成有效的监管机制，行业处在无序运行状态，进入门槛低、可复制性强、竞争异常激烈、物流配送人员的水平参差不齐，服务质量、用户体验、产品安全均存在一定的风险。再加上在众包配送模式下，配送人员基本为兼职人员，不稳定，运力的持续性得不到有效保障。

（4）快递自提点：降低物流配送成本

就目前的情况来看，快递自提点是比较完善的物流配送方式，有望成为最主流的配送方式，占据较大的市场份额。

目前，快递自提点的建立模式有两种，一种是自建，一种是加盟。前者以京东与顺丰到家为代表，企业出资在人口密集的区域建设快递自提点，成本较高，服务质量更有保障；后者以菜鸟驿站为代表，采用加盟模式，与社区中的便利店合作，便利店加盟的边际成本为零，加盟之后可迅速增加客流量，提升店铺收益，但可控性较差。

快递自提点节省了大量人力，用户可随时取件，打破了时间限制；客户自提，隐私安全更有保障；在便利店、超市标准化、集中化的影响下，物流配送也可做到标准化、集中化。但企业自建快递自提点的盈利方式不明，再加上加盟建立快递自提点的加盟商户的类型不一，服务质量难以保证。所以，该模式无法实现标准化复制，宣传不到位，虽然实用性很强，但消费者的认知度较差，经常遭遇认知尴尬。

（5）智能快递柜：完善末端配送"最后一公里"

在现有的各种末端配送方式中，智能快递柜可以说是最有效的一种方式，吸引了电商平台、第三方平台、快递企业参与，形成了一定的规模，但盈利模式仍需探索。

未来，快递行业将重点布局智能快递柜，借此解决最后一公里配送难题。近几年，智能快递柜承担配送的包裹量在总包裹量中的占比不断上升。未来，在一个社区生态圈中，智能快递柜将作为一个接入口将社区各种增值服务连接起来。目前，京东、阿里等电商企业，丰巢等物流企业和速递易等第三方平台都在积极布局智能快递柜。据统计，国内的智能快递柜网点已超过 15 万个，形成了一定的规模。

与此同时，我们还应看到智能快递柜行业竞争非常激烈，面临着很多问题，比如租金成本高、收费端收费下降等。智能快递柜入驻小区的租金从 2000 元增至 8000 元，收费却从 0.5 元降至 0 元。在社区孤岛效应的影响下，设备之间难以形成联动，仅凭智能快递柜内嵌的增值服务很难在短期内赢利。

零售企业的物流供应链变革升级

数字化时代的供应链物流升级

站在企业供应链角度来看，新零售颠覆了传统的多级分销体系。在这个过程中，供应链物流领域出现了三种新需求：第一，物流要更加接近终端，直面消费者；第二，物流要不断降低库存；第三，物流要提升自身的响应速度。

（1）整合供应链：减少中间流通环节

过去，品牌企业借规模经济效应降低运输成本，与批发商、零售商建立合作关系，形成范围效应，让产品顺利地流入消费者手中。在这种传统的价值链模式下，因为批发、零售、物流都交给了第三方负责，品牌商很难有机会直接接触消费者，为消费者服务，也就无法感知消费者的动态，把握消费者的需求。

再加上，渠道内第三方的能力良莠不齐，导致终端交付水平难以得到有效保障。同时，因为信息孤岛的存在，使得品牌企业的业绩与战略无法做出有效判断。但在新零售环境下，部分企业会从生产中心转变为设计中心，产品会直接从供应商流入消费者手中，这种直通直达的物流模式使企业对物流产生了新诉求。

在现实生活中，虽然销售渠道还未开始全面整合，但行业领先企业已开始整合下游的供应链，希望能借此提升端到端供应链的透明度与服务水平。比如某电子消费品企业耗费几年时间整合供应链，自建了30多家区域集中配送中心，裁撤之前分散的经销商体系，但区域集中配送中心的库存仍属于经销商。同时，该企业对虚拟库存的所有权进行转移，取消了很多中间流通环节，让商品直接从区域配送中心配送至零售终端，使信息反馈闭环流程得以简化。

（2）从静态到动态：有效降低库存

除原有的 B2B 业务外，B2C 业务不断涌入，传统的供应链结构面临着极大的挑战，未来，库存之间、线路之间将实现动态调配。

传统的供应链管理属于静态管理，在这种模式下，单线货量大且稳定，可预见性较高，订单频次较低，库存规划、路线规划在静态中完成，分拨中心库存独立管理，协同性较差，分拨中心的库存调配少且费用高，库存管理及运输管理由不同的 3PL② 负责。

在动态调配模式下，随着 B2C 业务不断涌入，订单量的可预见性不断下降，订单频次逐渐提升，B2C 单线货量逐渐减少，库存与路线需要动态规划，不同分拨中心的库存与运输需要统一管理，分拨中心之间可以频繁地调配货物，且调配成本要比传统模式低很多。

---

② 3PL（third-party logistics）是第三方物流即合同物流的意思，是指在物流渠道中由中间商提供的服务。服务包含中间商以合同的形式在一定期限内，提供企业所需的全部或部分物流服务。

（3）供应链平台：提升商品流转效率

近年来，业内出现了很多新的业务形态——第三方贸易与供应链物流平台，希望能满足企业不断变化的物流需求。第三方贸易与供应链物流平台利用数据及供应链资源为中小零售企业提供物流服务，将商品直接送到消费者手中，同时降低企业的库存水平。该平台汇聚了数百万门店数据，可以对消费者需求进行深挖，为商品采购、物流配送进行精确指导，去除中间的冗余环节。贸易平台不仅可以自主订货、收银结账、管理库存，还能中立记账，为线上营销业务的开展提供辅助。

厂商向平台直供产品可提升商品流转效率，做到防伪、防窜货；平台还可实时监控商品的进销存情况，而且可为全国五、六线城市及农村提供物流配送服务，渠道覆盖的广度比传统渠道要高很多。对于零售商来说，平台与小型零售商相互配合对促销活动进行设计，发布海报，提供终端物料，可以产生一定的聚流作用，为商品促销产生一定的积极影响。

除贸易和供应链物流综合平台外，第三方大物流平台将逐渐出现，一个面向全社会的物流履约平台将得以构建。该平台将借助数据和服务帮 B 端企业直接与消费者交互，从而开展精准营销，降低库存。

基于物联网技术的新零售物流

零售业市场竞争愈发激烈，移动互联网、物联网及智能手机的快速推广普及，使线上线下的边界愈发模糊，促使零售业发生颠覆性变革。在线上线下深度融合的新零售时代，如果零售企业仍继续沿革传统思维模式，很难实现长期发展。

全渠道购买是零售业的一大主流趋势，而物联网技术在零售业应用的持续深入，将显著提高交易效率、客户满意度，实现库存可视化，让利广大消费者的同时，提高零售企业的盈利能力。斑马技术公司发布的《2017 年零售业前瞻性研究》强调，缺货断货、价格不统一、品类有限是造成零售业用户满意度较低的三大主要因素。

而在物联网技术支撑的新零售模式中，上述问题将得到有效解决。物联网技术就像基础设施一般在新零售时代发挥着不可取代的作用，其在供应链环节创造的价值尤其值得我们期待。

"物理数字化"是新零售的一大主流趋势，传统实体零售门店将被打造成为集展示、营销、销售、体验、售后、库存、服务等诸多功能于一体的超级数字化商店。即便在此前相当长的一段时间里，电商增长速度十分迅猛，但国家统计局发布的数据显示，2018 年，国内电商零售总额突破 9 万亿元，而社会消费品零售总额为 38.1 万亿元。由此可见，实体零售在零售业中仍占据绝对主导地位。

为了进一步强化实体店在体验及服务方面的优势，零售企业引入物联网、人工智能、AR/VR 等新一代信息技术，实现了对商品、顾客、店员在门店内移动轨迹的实时监测及记录，并利用大数据、云计算等技术对其进行处理，为门店的管理运营决策提供强有力的支持，从而显著提高实体店的市场竞争力。

实现物理数字化的零售场景同时具备实体和虚拟的双重优势，给消费者提供极致购物体验的同时，又能打破时间与空间的限制，实现随时随地购买。为此，零售企业需要引入安全类传感器、库存状态追踪传感器、物联网设备及网络监控设备。

满足用户的个性化需求是新零售的重要优势，基于用户数据追踪及分析，零售企业可以精准把控不断变化的市场环境和消费需求。阿里巴巴、亚马逊等电商巨头在这方面的研究已经取得了初步成果，其线上平台能够结合用户购买、浏览、搜索、评论及购物车数据，为用户进行个性化推荐，提高客户体验的同时，取得了更高的经营业绩。

在实体门店中，部分零售企业开始应用微定位技术来开展引流促销，为消费者提供了前所未有的极致购物体验。比如：在标牌、货架、产品显示屏等门店数字接触点中搭载 Beacon（信标），同时，通过 NFC（近场通信）、Wi-Fi、RFID（无线射频识别）等技术和用户随身携带的智能手机、Pad 等移动终端进行交互，为用户提供详细的商品信息及优惠券。

通过 LBS、传感器等技术及设备，零售企业可以对用户在门店中的移动轨迹进行追踪并记录，了解用户在哪些货架或品类中耗费了较长的时间，了解用户的整个购买过程。

在此基础上，零售企业可以为用户描绘立体化的画像，深入分析其消费决策，对产品陈列方案进行持续优化，帮助供应商制订更为科学合理的生产计划、库存计划及物流计划等，在充分迎合消费者个性化需求的同时，使合作伙伴及自身获得更高的利润回报。

目前，新零售时代已经悄然来临，线上线下的融合进程持续加快，给我们的生活及工作带来了深远影响，想要在新零售市场上占据一席之地，零售企业必须充分利用物联网、传感器、大数据等新技术与工具。资金有限的中小零售企业要积极和技术服务商合作，租用其数据分析及云服务等。

具体到供应链领域，便利店等小型零售业态可以先引入智能标签、条码扫描仪等设备及相关信息系统，中型零售业态可以引入数据采集器等智能终端推动库存管理改造升级，大型零售业态可以引入云系统、数据库，促使供应链实现稳定高效运行。

需要注意的是，用物联网技术改造零售供应链是一项长期而复杂的系统工程，需要供应商、零售企业、物流服务商等多方协同合作，以及政府、行业协会提供大力支持。整个过程切忌急功近利、盲目布局，否则不但会增加零售企业的经营成本，还会打击组织成员对企业转型新零售的信心，使企业陷入资金链断裂风险。

新零售时代的物流供应链变革

新零售时代的物流供应链变革主要包括以下方面。

（1）商品变革：产地直采＋生鲜直达＋产品溯源

在消费持续升级的形势下，消费者对商品质量的要求越来越高。为保障商品质量，越来越多的企业采用了产地直采或海外直采等模式。对于全球生鲜直采、直达业务来说，物流是非常重要的一个环节。

首先，大型物流企业通过自建全球物流网络或加盟全球物流网络的方式，在仓储、运输、通关等环节表现出了非一般的整合能力；其次，物流企业借助其全球化的物流网络进行当地直采，以更优惠的价格获取更优质的商品；再者，大型物流企业可为产品质量背书，增强消费者的消费信心。在此过程中，物流企业通过引入物联网技术实现产品溯源，提升整个物流过程的透明度，增强品牌商对供应链的掌控能力，增强消费者对产品的信任。

（2）体验变革：构建逆向物流，完善售后服务

随着消费渠道越来越多，消费需求越来越多元化，企业试水新零售必须构建逆向物流，提升售后服务能力。逆向物流业务指的是从消费者到卖家的物流业务，主要是商品退换、返修等。其中退换货业务主要发生在通过网络渠道购买的商品，比如服饰鞋包、化妆品、家居日用品等，对时效性的要求不高。维修件返修之后，商家还要将其寄回消费者处。

随着网购规模越来越大，逆向物流、售后服务逐渐成为一种新需求，且这种需求的规模越来越大。在此形势下，新零售企业必须建立逆向物流业务，增强售后物流能力。

企业要为用户提供上门取件服务，做好标签管理，提升客户满意度，在维修完成后向用户发送取件或发件通知，为消费者提供极大的便利。

企业要为消费者提供限时取件、加急运送服务，缩短物流时间，提升物流配送效率，保证服务的时效性。

对于价格较高的物品，企业要为其提供安保加强服务，创建完善的保价与理赔制度，保证物流过程的安全，提高客户对物流服务的信任度。

（3）性价比变革：推动物流供应链降本增效

在新零售模式下，物流企业要满足客户碎片化、多样化、急速送达的物流需求，导致物流成本大幅提升。企业要想降低物流成本，必须打造智慧物流系统，实现资源共享，提升物流效率。现阶段，我国物流成本占比较高，物流载具和基础设施的利用率还有很大的提升空间。具体来看，企业降低物流成本可以采用以下三种方法。

首先，物流企业可以引入一些智能设备减少人工劳动，降低人工成本，比如无人机、机器人、新式扫码标枪等。

其次，物流企业可以将自己闲置的资源与其他企业共享，比如仓储空间、平台资源、数据、社会力量等，对各方资源进行高效整合，从而提升资源利用效率。

再者，物流企业要制定最优的物流配送路径，改善内部运作流程，提升整体的运营效率。

数据驱动的智能制造解决方案

数据分析是新零售的重要驱动力，零售企业的数据分析包括两大内容：其一是通过各类传感器对 RFID 标签、移动设备等获取的海量数据进行搜集；其二是应用大数据、云计算、智能模型等对海量数据进行深入分析，生成直观易应用的数据分析结果，为零售企业的经营管理提供指导，帮助其制定更为科学合理的竞争策略，避免其陷入同质竞争与价格战泥潭。

目前，大数据、云计算等技术处于初级发展阶段，但其在新零售领域的应用前景相当广阔。研究数据显示，目前，应用大数据、云计算等技术进行数据整合及分析的企业，生产效率及利润率比竞争对手高出 5% 左右。越来越多的零售企业积极制定大数据应用战略，以便对自身通过物联网技术搜集到的海量数据进行整合、分析及应用。

斑马技术公司发布的研究数据指出，预计到 2021 年，将有 79% 的零售企业应用图像识别及分析技术来处理经营数据，78% 的零售企业将会通过软件分析来控制成本，优化选品及库存。

在数据驱动的供应链模式下，通过共享供应链库存数据将采购订单预测、生产订单预测、销售与客户订单预测串联在一起，让需求、库存、供应实现平衡。供应链上的任意一个环节都能根据上下游订单及需求数据对库存进行合理安排，最终通过提升库存管理的透明度消灭库存。

企业要面向生产制造环节打造智能制造解决方案，缩短产品生产周期，提高对市场的响应速度。

例如哈雷戴维森，这家企业为客户提供了 1200 多种定制方案，但在实行过程中遇到了一些问题：老车间的定制化生产过程过于复杂，定制一件产品需要花费 20 多天；因为每辆定制车都不同，工人在装配的过程中必须不断调整，导致工作效率极低。为解决这两大问题，哈雷戴维森利用数字化制造系统构建了一个新工厂。这个新工厂的构建采取了以下措施：

一是利用高度网络化及数据驱动的制造工艺对车辆生产进行引导，提升工厂对个性化订单的响应速度与效率，实现制造设备的快速调整；

二是引入网络化制造系统，不仅能为客户提供定制方案满足其个性化需求，还能缩短生产时间；

三是新工厂实现了不出工厂就能生产出定制车辆，开创了定制车辆生产的新纪元，导致现有模具制造商丧失了一部分业务，受到了重大冲击。

哈雷戴维森采取了数字化智能制造解决方案之后，其运营效率有了大幅提升，具体表现在以下四个方面：

第一，车辆生产周期大幅下降，定制车辆生产只需花费 6 天，比之前的 21 天缩短了足足 15 天。

第二，产能提升了 13%。之前，生产一辆摩托车需要 89 秒，每小时能生产 40 辆摩托车；进入新工厂后，生产一辆摩托车只需 79 秒，每小时生产的摩托车数量增至 46 辆。

第三，固定资产生产率提升了 57%，工厂布置发生了极大的变化。过去，哈雷戴维森工厂面积为 150 万平方英尺（约 13.9 万平方米），分布于 41 栋建筑；现如今，哈雷戴维森的工厂面积只有 65 万平方英尺（约 6.0 万平方米），分布于两栋建筑，一栋用来生产制造，一栋用来仓储。

第四，每年的人员费用节省了 1 亿美元。之前，哈雷戴维森的临时工有 1968 名，合同工 285 名；现如今，临时工降至 700 ~ 800 名，合同工降至 150 名。

随着物联网与数字技术广泛应用，传统的线下供应链节点逐渐形成一组动态网络，为企业差异化战略的推行提供了极大的可能。企业可利用集成的数字供应链选择差异化因素开展竞争，并将这种差异化推广到所有节点。

在启动数字供应链网络之前，企业以行业特点为依据，结合公司特点选择合适的主题，率先实现数字化。数字化开启后，永远在线的数字化供应网络、连续不断的信息流、强大的信息分析能力将爆发出巨大的商业价值。

在数字化供应链的作用下，职能孤岛与实体之间的数据被打通，信息透明度得以切实提升，整个数字供应链网络的性能得以优化，企业的整体价值得以切实提升。

消费者驱动下的智慧供应链管理

商品分类：精准对接目标用户

智慧供应链是新零售时代为了充分满足用户需求而诞生的一种全新的供应链管理模式，它强调通过大数据、云计算、物联网等新一代信息技术，将客户综合感知、客户精准服务、智慧指挥协同、重点聚焦保障等诸多环节有机结合，供应链各环节企业在数据支撑下协同配合，提高供给质量、效率及精准性，打造一个透明、敏捷、柔性的供应链，实现多方合作共赢。

智慧供应链不仅包括供应链，还涉及商品及大数据。它缩短了供应链与商品及消费之间的距离，将大数据充分应用到营销及供应链管理等诸多环节，使企业能够及时响应动态变化的消费需求，通过定制生产及营销提高用户体验。为此，企业需要通过大数据技术对海量数据进行搜集、分析及引用，对用户需求进行全面感知，绘制立体化的用户画像。

虽然从传统零售升级到新零售发生了很大的变化，但"人、货、场"仍是零售的核心要素，新零售能否快速落地，关键在于能否实现对这三大核心元素的重构。

在新零售背景下，日益复杂的市场竞争与动态变化的消费需求，对企业的管理水平、生产能力、服务质量等提出了新的挑战。在供应链管理方面，零售企业在开展价格和库存管理之前，应该先建立科学合理的商品结构，对选品进行持续优化。简单来说，就是要对不同的商品采用不同的定价策略及库存管理策略。

事实上，绝大部分与智能相关的问题，都可以被理解为一种在多维空间内进行模式分布的问题。毋庸置疑的是，各企业会制定自己的包括品类战略在内的一系列战略规划，在符合自身长期发展规划的前提下，制订科学完善的品类计划、价格计划，然后再根据不同的用户群体特性，为商品贴上不同维度的标签，使其能够迎合目标用户的消费需求。

以服装产品为例，企业可以从设计师、功能、面料、季节、收藏量等诸多维度入手为产品贴上各类标签，如此一来，商品就能在各类标签中找到其所属类别，然后利用各类别的交叉组合进行精准定位。需要注意的是，这些标签不仅划分出了产品所属的品类，企业还可以分析其对销售的影响，通过数学模型分析出消费者对这些标签及标签组合的响应情况。

事实上，商品分类更多的是对零售三大核心要素中的"货"进行深度剖析，当然，其中必然会涉及"人"，也就是用户需求特性。确保商品定位的精准性，可以为需求预测、产品研发、采购、生产、定价、营销等奠定坚实的基础。商品分类将会对商品结构产生直接影响，在分类过程中，也能够了解不同因素在消费者制定消费决策时的权重，从而为企业建立选品模型提供有力支持。

当然，随着市场环境及用户需求不断变化，企业为各商品所贴的标签也需要不断调整，进而需要对商品分类及定位进行持续优化。

动态定价：制定科学定价模型

从产品定价角度看，单纯依赖人力进行定价不但效率低，而且缺乏精准性。很多时候，管理人员面对一款产品的利润指标、销售指标、浏览量、售罄率、所处生命周期阶段等各种数据，往往会感到茫然无措，很难快速高效地制定合理的价格。

而且随着经营多元化成为一种主流趋势，企业的商品 SKU 越来越多，有很多参考数据不足的长尾产品，如果都采用人工定价，会耗费较高的人力成本，同时，很容易引发严重的定价混乱问题。

智慧供应链能够有效解决这些问题，它将针对不同的商品制定差异化的定价策略。有些商品虽然是畅销品，但市场中存在同类竞品。在这种情况下，零售企业需要实时了解同类竞品的价格，对这类商品的定价尤为关键。有些商品是畅销品，而且市场中没有能够与之抗衡的竞争对手，价格在这类商品的消费决策中发挥的作用相对较弱。在对这类商品定价时，零售企业往往会追求利润最大化，通过多次价格调整，找到能为企业创造最高利润的价格区间。

有些商品是滞销品，零售企业要对这类商品采取降价策略，从而减少库存，降低经营成本。至于刚上线的新品，企业为了打开市场，定价时往往会刻意压低价格，以便培养用户消费习惯。制定价格策略时，零售企业需要分析不同价格对产品销量的影响，从而快速将产品扩散到目标市场。

也就是说，在智慧供应链管理模式中，零售企业在对商品定价时，需要在满足定价目标的基础上，针对商品类型制定科学合理的定价模型，然后将商品的相关数据输入定价模型，得出定价结果。得出结果并非意味着定价结束，零售企业还要对定价后的商品的市场表现进行实时监测，以便对产品定价进行持续优化完善。

比如，京东推出的动态定价算法，该算法以对价格、用户信息、商品的精准判断为基础，通过持续输入数据，开展机器学习训练，以商品毛利率与销售额目标的平衡为目标，计算出最合适的商品售价，进而提升交易效率。同时，零售企业还要通过对促销门槛、消费者决策树、折扣力度等要素进行综合建模，创建最合适的商品促销策略。

从解决方案层面来看，商品的动态定价主要包括以下两个部分。

第一，量价关系模型优化。零售企业通过对海量数据进行分析明确促销、时间节点、区域、环境等因素对商品销售的影响，从而建立完善的量价关系模型，为商品的动态定价提供有力支持。

第二，价格及促销决策优化。通常来说，企业在为商品定价或举办促销活动时，会考虑进货成本、竞争对手价格、供应商限价、购买力等诸多因素。零售企业通过对这些因素进行分析，结合销售目标，应用量价关系模型，建立一个完善的优化决策模型，从而制定出科学合理的定价策略与促销策略。

销售预测：实现资源高效配置

销售预测是智慧供应链管理中的一项重要内容，如果企业可以实现精准的销售预测，将会显著降低运营成本，提高服务质量。比如，在不同的门店安排数量合理的销售人员，在降低人力成本的同时，给顾客带来良好的购物体验。与此同时，销售预测结果也会对企业经营管理的各项战略规划产生关键影响。

不难发现，7-11 便利店、宜家、无印良品等具有较高门店管理水平的企业，往往能够制订科学合理的排班计划，从而实现人力、物力等资源的高效配置。实现精准销售预测的企业，不但可以分析出门店客流量的高峰时段，还能分析出不同类型的顾客会购买哪些品类的商品。为此，企业需要在日常经营管理中对全渠道的海量数据进行充分搜集、分析及应用。

以京东物流供应链为例，在电商补货的诸多环节中，销量预测及补货预测扮演着十分重要的角色。在销量预测方面，京东物流供应链根据历史销售数据、用户评论数据等，对未来一段时间内的商品销量进行预测。考虑到京东的发展情况，其销量预测模型被分为两大类。

一是通过统计模型进行预测。利用统计模型对商品时序的自相关性、商品销售趋势等进行分析，来预测未来一段时间的销量。

二是通过基于人工智能技术建立的分析模型进行预测。利用决策树、深度学习等人工智能技术，结合现行模型分析商品数据、用户数据，同时考虑促销策略、时间因素、天气状况等，提高销量预测的精准性。

在补货方面，企业主要通过分析商品历史销售情况，结合预测信息模型，得出最优补货点和目标库存，确保高效、低成本地满足消费者的购物需求。而京东为了进一步提升补货水平，引入了二阶补货策略。具体来看，京东的销量预测主要采用了以下三类模型。

第一类是回归统计算法、时间序列算法等统计学算法模型。

第二类是应用机器学习技术及并行内存式计算的预测算法模型。

第三类是计量经济学模型，该模型主要使用了混合多因素算法。

其中，以下算法在京东的销量预测模型中发挥的作用尤为关键。

第一，复杂业务的数据 Pipeline 化处理算法。

第二，应用在季节性预测模型、价格因子模型及 Holt-Winters 模型中的时间序列预测算法。

第三，基于机器学习的 GBDT 算法及多因素回归算法等预测算法。

与此同时，在算法集成平台建设方面，京东智慧供应链团队也投入了大量资源，该平台能够实现多算法并行执行及自动择优，对新算法的实际效果进行验证，并将其整合到现有的系统中。

京东同时使用了线上模型评估与线下模型评估，其中线上模型评估主要对模型在线上的应用效果进行实时监测，并根据数据反馈对模型进行持续优化完善；线下模型评估主要应用机器学习技术建立的评估体系，将数据集分为测试集和训练集，并在测试集中对模型的实际效果进行验证。

评估指标包含技术指标与业务指标两大类，其中，使用技术指标评估时，主要引入行业内普遍使用的 MAPE 评估方法，对品类 MAPE 及整体 MAPE 进行精准分析，从而对预测效果进行评估。使用业务指标进行评估，则需要统计不同品类产品的误差分布情况，从而对预测效果进行评估。

数据分析模型要能够分析出各类数据在消费决策中发挥的影响力，并且根据数据分析结果，对模型进行持续优化完善，提高模型的精准性。企业界曾经普遍采用的季节性模型及时间序列模型已经无法满足销售预测需求。

对销售渠道进行有效分类，是提高销售预测精准性的关键。显然，不同的门店或网店都有各自的属性标签，同种商品在不同的门店或网店中的销售预测模型应该有所差异。也就是说，新零售时代的智慧供应链需要实现销售计划、运营计划、需求计划、品类管理、渠道管理等多方面的协同配合。

新零售时代下的智慧供应链并非为了炒作新概念，也不是为了突出大数据、云计算、物联网、人工智能等新一代信息技术，而是为了更高效、更低成本地为用户提供优质的商品与服务，让消费者和企业建立更为密切的连接，突出人性化、个性化等购物消费时的附加值，这样才能为消费者创造更高的价值，实现消费者和企业的价值共创。

库存管理：有效控制库存成本

库存积压、管理成本高、品类结构不合理是零售企业库存管理面临的几大痛点，通过物联网技术实现库存可视化可有效解决这些问题。库存可视化能够让零售企业对库存状况进行实时监测，结合销售数据及销售预测补充库存，并通过降价促销处理不受欢迎的品类。

统计数据显示，库存积压、缺货断货、效率低下等问题，导致全球零售业每年损失 1.1 万亿美元。麦肯锡发布的研究报告指出，通过解决库存积压及缺货断货问题，将会为零售企业减少 10% 的库存成本消耗。

大数据分析、机器视觉、无线射频识别（RFID）等技术的快速发展，使零售企业乃至供应链上下游合作伙伴能够随时随地了解库存状态，对物流配送进行实时追踪，为消费者提供产品溯源服务，确保反馈数据的时效性、精准性。

此前，零售企业普遍应用的 ERP 等各类库存管理软件提供的库存数据精准度仅为 65%。而应用 RFID 系统后，零售企业的库存精准度将达到 95%。

通过应用物品级 RFID，可以降低零售企业 80% 的缺货断货率。

智能补货无疑是库存管理中的一项重要内容，实践中，企业需要从入库、出库两个角度，通过应用自动补货模型对库存结构进行持续优化，将库存水平控制在合理范围内。在入库方面，智慧供应链管理系统会对此次补货涉及的 SKU 进行精准定位，结合补货模型制定补货决策。在出库方面，智慧供应链管理系统会对企业的滞销库存 SKU 进行精准定位，并结合滞销分级模型指导企业制订降低库存的方案。

斑马技术公司发布的研究数据指出，已经应用物品级 RFID 系统或者有相关应用计划来实现库存乃至供应链可视化的零售企业占比高达 70%。实践证明，应用物品级 RFID 系统能够有效降低库存成本。

比如，德国某家服装企业应用物品级 RFID 系统后，将商品计数从传统的手工计数升级为自动计数，降低了员工 75% 的工作量，将员工从溢价能力较低的重复性体力劳动中解放出来，促使其专注于设计研发、增值服务等具备更高溢价能力的环节，显著提高了企业盈利能力。

同时，斑马技术公司预计到 2021 年，随着库存及供应链可视化程度不断提升，将会有 76% 的零售企业实现对库存的实时监测，有 78% 的零售企业将广泛应用定位设备，87% 的零售企业能够自动获得智能系统自动反馈的库存缺货断货信息。

【案例】京东：基于 AI 技术的智慧供应链

利用 AI 解决传统供应链的痛点

作为国内电商巨头之一，虽然京东近几年一直在下调自营商品的占比，但自营商品成交额在总成交额中始终占据着较高比重。在市场竞争愈发激烈，消费需求日益多元化、差异化的背景下，这无疑给京东供应链带来了巨大压力。

2016 年 11 月，京东成立 Y 事业部，意欲通过人工智能技术对供应链管理进行变革与创新，打造京东智慧供应链。2017 年年底，京东 80% 的核心产品均采用自动补货及定价推荐，同时，京东智慧供应链为近百家客户级企业提供优质供应链服务。

在京东的智慧供应链中，信息部门、物流部门及销售部门将被深度整合，通过商流、物流、信息流及资金流的高效流动，建立起集采购、销售及配送等诸多环节于一体的供应链网络。

（1）电商企业传统供应链的痛点

从诸多实践案例来看，电商面临的传统供应链挑战主要集中在如图 7-4

所示的几个方面。

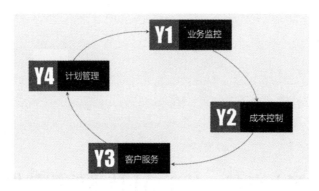

图 7-4 电商企业传统供应链的痛点

第一，业务监控。对采购、销售、配送等环节进行数字化、信息化改造，对业务运行状况进行实时监测，比如，在促销活动期间，参与促销的商品有着怎样的市场表现，可以通过对相关数据的实时监测获知，进而对促销方案进行持续优化完善，确保实现取得预期的促销目标。

第二，成本控制。以库存成本控制为例，在库存成本不断攀升、运营资金压力大幅增长的局面下，电商企业亟须借助大数据、云计算、人工智能等新一代信息技术建立完善的智能补货系统，在为消费者及时供货的同时，有效降低库存成本。

第三，客户服务。通过智能分析为用户推荐能够满足其个性化需求的优质商品，并为其提供完善的物流配送等售后服务。

第四，计划管理。对各品类实现精准备货、补货，在参与"618""双十一""双十二"等电商促销活动前，制订合理的促销方案以确保完成销售目标，通过科学的促销品类组合及备货供给，在满足用户需求的同时，实现利润最大化。

（2）京东智慧供应链中的 AI 系统

在信息过载时代，单纯依靠人工处理运营数据，显然已经无法适应时代发展要求，将机器学习、自然语言处理等人工智能技术应用到供应链管理过程中显得尤为关键。在诸多优秀人才的助力下，京东将 AI 系统应用到了供应链的诸多环节之中，如图 7-5 所示。

图 7-5 京东 AI 供应链系统

第一，计划系统。京东通过历史数据和统计学习模型建立智能预测系统，该系统能够基于商品未来一段时间的销量预测、仓库单量预测、促销活动效果预测等，为制订生产计划、仓储计划、物流计划、促销计划等提供强有力的支持。

第二，商品系统。通过搜集海量多元的数据，运用人工智能建立智能商品分类系统，对商品特性及价值进行充分分析，帮助企业制定科学合理的商品生产、营销及销售策略。

第三，价格系统。通过决策树、统计学习等机器学习技术建立动态定价系统，从而建立以客户需求从导向，有利于促进供需平衡，可实现可持续发展的最优价格策略。

第四，库存系统。通过增强学习、大数据平台等技术建立销量预测系统，使企业能够制定科学合理的采购及库存规划。

第五，智能订单履约系统。该系统应用了运筹优化技术，能够对订单生产路径进行合理规划，高效、低成本地完成订单交付。

第六，匹配抓取系统。该系统通过运用图像识别、自然语言处理等技术，能够为企业的智能决策提供强有力的数据支持。

第七，风险控制系统。该系统应用了模式识别技术，能够精准评估订单风险，推动企业实现长期稳定的发展。

此外，京东还建立了智能库存管理模块，结合安全库存分析、用户个性化需求、供应商排产计划等数据，利用大数据、云计算、人工智能等技术，制订自动化、智能化的商品采购下单、调拨及滞销清仓计划，显著提高自身的经营水平。在京东智慧供应链项目核心团队公布的未来发展规划中，未来，通过将自动化的零售管理应用到选品、订单履约、存货布局等方面，争取在智慧零售领域获取领先优势。

京东人工智能系统的组织架构

立足于供应链、物流、营销、售后等角度对京东的人工智能进行分析可以发现，其人工智能可以划分为智慧供应链、智慧卖场、智慧物流、智能客服四大部分，每个部分都有相应的事业部负责。

（1）Y 事业部：借助 AI 技术实现智慧供应链管理

Y 事业部专门负责智慧供应链，成立于 2016 年 11 月 25 日，其职能主要是利用人工智能技术打造销量预测平台，对每个商品单元的销量进行精准预估，为京东自营频道的管理人员制订商品销售策略与备货计划提供辅助，提前将用户会下单购买的商品运送到邻近的仓库，用户下单之后可立即备货、配送。

以智慧供应链平台为轴心，Y 事业部正在努力将智能库存管理、智能定价、智能促销等模块引入京东自营零售管理，严格遵循"好商品""好计划""好库存""好协同""好定价"的逻辑对产品进行规划。

需要注意的是，在京东自营的多品类商品中，3C 家电类标品 80% 以上的供应链环节都引入了人工智能技术，实现了智能化升级；但生鲜类商品受生命周期、气候环境、地域条件等因素的限制，只有不到 5% 的供应链环节实现了智能化。同时，目前，京东的智慧供应链还无法指导生产，以智慧供应链实现智慧制造是京东未来的发展方向。

（2）智慧卖场：重构人与商品的连接

搜索、频道、推荐、会场等产品相互组合形成了京东的智慧卖场，该卖场涵盖了店铺、秒杀、促销等内容形态，以"人—货"连接为基础，与人工智能数据算法和机器学习模式相结合，绘制出精确的用户画像、商品画像。

京东的智慧卖场要考虑以下问题：如何让营销活动与自然流量相互促进？如何实现商品与用户的交互？如何实现开放平台业务与自营业务的交叉？智慧卖场最终要达到的效果就是让用户在最短的时间内找到所需商品，迅速做出购买决策、下单付款。

（3）X 事业部：京东智慧物流体系的技术支撑

X 事业部被称为"京东智慧物流技术部队"，其前身是京东物流实验室，在升级改名后，已经超越了原本单纯的物流，所有和无人机械、人工智能相关的项目都是它的研究对象，比如京东无人仓。

京东的无人仓设计涵盖了三大环节：一是存储环节，使用穿梭车在狭窄的货道间运行，在高密度的货架上高效率、高精准度地取货；二是搬运环节，使用智能机器人搬运货物，其承接力是人的 5 倍；三是分拣环节，使用深度学习技术和 3D 视觉系统对货物进行动态拣选，提升货物分拣效率，降低货物分拣的错误率。

京东无人仓的设计首先要为所有的商品数据、SKU 等数据匹配一套智能算法，构建新的数据模型，以指挥无人仓高效运作。

（4）人工智能客服：为京东 JIMI 提供"最强大脑"

京东 JIMI 是一个集合了自然语言处理技术、深度精神网络、机器学习、用户画像等技术的智能客服，可 7 天 ×24 小时连续工作，回答用户的各种问题。

通过 DingDong 音箱和 JIMI 的合作，京东成功地将智能硬件与人工智能服务融合到了一起，用户可输入语音与 JIMI 对话，同时，用户还可以通过语音控制 DingDong 音箱，查询订单、下单购物，享受一站式购物体验。

虽然这四大业务板块由四个相互独立的部门负责，但都处在京东电商交易平台网络中，相互之间还是要保持高度一致，在日常工作的过程中开展跨部门协作，共享区块数据成果。

基于 AI 的智能化采销配送模式

人工智能在采购、销售及配送等供应链诸多环节都能创造出巨大的价值。

（1）采购环节

京东通过大数据、云计算、智能算法等技术可以实现智慧选品，帮助企业从海量商品中筛选出那些有良好销售前景的爆品。同时，基于统计学的相关理论及技术，应用机器学习技术设计预测模型及补货模型，帮助企业对一定时间内的销售量、备货量进行精准评估，并进行自动化、智能化补货，在提高客户体验的同时，降低人力成本。

（2）销售环节

京东基于运筹学及人工智能模型建立动态定价体系，对市场环境、未来趋势、需求变化、产品全生命周期数据等进行充分分析，对商品价格进行动态管理，降低合作企业的库存风险。同时，京东还建立了智慧协同平台，和品牌商进行深度合作，为广大消费者提供定制商品，满足消费者快速增长的品质消费需求。

智能算法的应用，使京东可以制定更加科学合理的销售策略，结合历史销售数据及自身与竞争对手的销售表现，帮助企业选择合适的渠道引流或调整价格，使内部及外部的优质资源得到充分利用。

（3）配送环节

基于大数据技术建立的销量预测工具，企业可对不同时间节点、不同区域的销售情况进行预测，并利用自动补货系统，实现库房自动化备货，提高物流的时效性，降低用户购物时间成本。

京东预测系统能够对全国各地的仓库及站点的订单量进行预测，预测周期可以是一天、一周、一个月。考虑到促销活动期间单量的迅猛增长，京东会将促销活动预测和日常运营预测区别开。同时利用大数据技术和机器学习算法，建立单量预测模型，帮助仓储配送部门合理配置资源，提高配送效率，降低配送成本。

想要确保 AI 系统能够发挥出应有的价值，不但要确保数据规模，还要确保信息质量，提供高质量的实时信息。京东在充分利用自身大数据平台及云计算平台的基础上，建立了强大的 AI 系统。

一是基于大数据平台建立能够对数据进行实时搜集、存储、分析及应用的数据通道及数据库。

二是利用零队列机制，去除信息传递时的中间环节，实现信息的实时高效传递。

三是通过模块化的分布式云计算平台提供 AI 算法模块，使京东的计算能力及效率得到显著提升。同时，利用开放预测平台及开放运筹优化平台，对 AI 系统开发进行持续优化完善。

四是通过故障检测及优化，提高管理流程的运行效率及质量，减少资源浪费。

京东供应链存在的问题与展望

人工智能虽然具有较强的颠覆性，但由于该技术及其在商业领域的应用尚处于初级阶段，在企业的实际应用中很容易遇到各种问题。具体来看，京东在应用人工智能技术打造智慧供应链方面遇到的问题主要包括以下四点。

第一，多环节协同。现阶段，由于技术限制，智慧供应链系统更多的是对供应链的各环节进行独立管理及控制，未能实现多环节协同。

第二，难以应对较为复杂的不确定性问题。对不确定性问题的处理能力直接影响了供应链系统的运行效率与质量。在传统供应链系统中，对较为复杂的不确定问题，倾向于采用较为保守的应对策略，很难对问题产生实际影响。

即便京东、亚马逊等巨头在布局智慧供应链方面，也遇到了数据处理技术与方法的壁垒，在不确定性问题处理方面，尤其是在用户特性与商品细分领域仍存在较大的改善空间。为了更好地处理不确定性问题，企业必须建立复杂而完善的模型。但因为复杂模型的精准度难以得到充分保障，短时间内这一问题很难得到真正解决。

第三，时效性与预测性。在新生事物层出不穷、产品生命周期越来越短的局面下，为了迎合动态变化的消费需求，企业必须充分保障模型的时效性与预测性。但受信息搜集与分析等方面的限制，导致 AI 模型的建立及验证受到诸多制约，难以为企业决策提供强有力的支持。

第四，数据源打通。受个人隐私、数据安全性、相关法律法规滞后等诸多问题的影响，企业能够获取的数据相对有限，从而影响了 AI 模型的应用。要想充分释放 AI 的潜在价值，企业必须采集通信数据、信用卡数据等诸多基础性数据，但这些数据涉及个人隐私及财产安全，绝大部分企业没有这类数据的获取权限，更多是针对用户的购买、搜索、浏览及社交数据进行分析，导致 AI 系统的应用受到诸多限制。

在智慧供应链建设方面，京东尚处于初级发展阶段，未来将会有更为广阔的发展空间。通过人工智能技术的利用，京东可对采购、仓储、物流、定价、促销等供应链的诸多环节进行协同管理，提高供应链运行效率，降低运行成本。通过建立高效的综合管理系统，实现供应链各环节的自动化、智能化管理，提高供应链的整体价值创造能力，使多方共同受益。/

未来，AI 将会被应用到订单处理、促销、新品研发、风险控制等更多领域，为企业的永续经营奠定坚实的基础。同时，通过引入数据驱动的在线模型学习技术，模型的处理效率与精准性可持续提升。随着 AI 技术的不断发展及应用，供应链系统仿真机制及强化学习系统将逐渐建立，智慧供应链能够处理更为复杂的不确定性问题，智能生产、智能工厂、智慧物流等新模式与新业态将不断发展，企业能够更好地应对新零售及新一轮工业革命带来的挑战。